JOURNAL
DU
BLOCUS DE METZ

RÉDIGÉ DE JOUR EN JOUR

En l'année 1870

PAR F.-M. CHABERT

MEMBRE TITULAIRE DE L'ACADÉMIE, ASSOCIÉ NATIONAL DE LA SOCIÉTÉ
DES ANTIQUAIRES DE FRANCE, MEMBRE HONORAIRE OU CORRESPONDANT
DE LA SOCIÉTÉ D'HISTOIRE DU GRAND-DUCHÉ DE LUXEMBOURG,
DES ACADÉMIES DE NANCY. DU GARD, ETC.

METZ
SIDOT FRÈRES, LIBRAIRES-ÉDITEURS.
10, RUE DES JARDINS, 10

1871

A LA VILLE DE METZ

HOMMAGE

D'UN FILS DÉVOUÉ

DOCUMENTS CONSULTÉS.

Actes officiels.

Registre d'ordres.

Registre des délibérations du Conseil municipal.

Journaux de Metz.

Indépendance belge.

AVIS

Plusieurs de mes concitoyens m'ayant exprimé le désir de voir imprimer le *Journal du Blocus de Metz en 1870*, j'en ai fait le présent extrait.

SOMMAIRE.

Accueil fait par la population messine à la déclaration de guerre. — Réflexions. — Demande du rétablissement de la garde nationale sédentaire. — Le peuple s'offre pour aider à l'armement de la place. — La guerre, encore la guerre! — Offrandes patriotiques. — Création des ambulances. — Mise en état de guerre des forteresses de la 3ᵉ division militaire. — Arrivée de Napoléon III. — Forces disponibles de la France. — Incurie et imprévoyance. — Organisation habile des armées allemandes. — Inspection de l'armée et des places fortes par le maréchal Leboeuf. — Proclamation de l'Empereur. — Exécution d'un chemin de fer de l'arsenal d'artillerie à la gare Serpenoise. — Rétablissement de la garde nationale. — Baraquements au polygone de Chambière pour ambulances. — Bâtiments, lits et wagons disposés pour recevoir les blessés. — Empressement des médecins civils pour le service des hôpitaux. — Corps franc des chemins de fer de l'Est. — Forces militaires de l'Allemagne mises à la disposition du roi de Prusse. — Nombreuse et puissante artillerie. — Cartes topographiques. — Stratagème de l'ennemi. — Combat de Saarbruck. — Inactivité du général Frossard. — Illusion. — Désastres. — Le service de la garde nationale rendu obligatoire. — Le général de division du génie Coffinières, nommé commandant supérieur de la place de Metz, mise en état de siège. — Ajournement des élections municipales. — Suppression momentanée des concessions d'eau de source. — Emigration des habitants de la campagne arrêtée sur Metz. — Interdiction de plusieurs portes de la ville au public. — Maisons et arbres abattus sur les terrains de la première et de la deuxième zones militaires. — Le maréchal Bazaine nommé général en chef de l'armée du Rhin. — Jarras, chef d'état-major. — Direction prise par les armées allemandes. — Abolition de la conscription par le roi de Prusse, dans les territoires occupés par ses troupes. — Camp devant Metz. — Bataille de Borny. — Surprise. — L'Empereur à Longeville-lès-Metz. — Sa proclamation avant son départ — Frossard encore négligent. — Bataille de Gravelotte. — Ordre surprenant. — Incertitude de Bazaine. — Situation de l'armée française. — Bataille de Saint-Privat. — Manque de munitions. — Comparaison des deux artilleries. — Horreurs de la guerre. — Cris parmi les militaires. — L'armée du maréchal Bazaine concentrée sous les murs de Metz. — Tristes remarques. — Coureurs ennemis. — Incendies. — Investissement de la ville. — Union et concorde entre les habitants. — Comment Bazaine pouvait réparer ses fautes. — Interruption de toute communication avec le dehors. — Blocus de Metz — Pluie abondante. — Ordre du jour de Bazaine à ses troupes. — Il n'y a plus communauté de sentiments entre elles et leur chef. — Quartier-général du roi Guillaume à Ars-sur-Moselle. — Conduites des eaux de Gorze coupées. — Le

Journal de Metz. — Exécution de l'espion Schull. — Construction de batteries prussiennes. — Les gardes mobiles. — La garde nationale sédentaire. — Installation de tentes-ambulances et de wagons-hôpitaux. — Dévouement des habitants de Metz. — Journée des dupes. — Violent orage. — Bataille de Servigny-lès-Sainte-Barbe. — Douloureuse surprise. — Bazaine devait tenter d'opérer sa jonction avec Mac-Mahon. — Mort du général Decaen. — Son pressentiment. — Abolition du timbre sur les journaux sans annonces. — Service funèbre à l'église de Queuleu. — Messes quotidiennes de *Requiem*. — Protestation contre le luxe funéraire dans les églises. — Premières épreuves de la vie matérielle. — Nouvelles indirectes concernant Paris. — Ouverture des portes de Metz. — Forte canonnade. — Réquisition des denrées fourragères. — Conférences en l'honneur des blessés convalescents. — Journaux soumis à la censure préalable. — Proclamation adressée par le commandant supérieur de la place, le préfet du département et le maire de Metz. — Energie d'un prisonnier français évadé. — Nouvelle de la déchéance de Napoléon III et de sa dynastie, et de l'établissement d'un gouvernement chargé de la défense nationale. — Sentiment patriotique de la population messine. — Ordre du jour de Bazaine au sujet de la catastrophe de Sedan et des évènements de Paris. — Ambition et égoïsme du maréchal. — Arrêté relatif à l'exercice de la chasse. — L'offre de faire passer des exprès n'est pas encouragée. — Correspondance aérostatique. — Question alimentaire. — Insuffisance des projectiles de campagne. — Incident. — Recensement des blés et des farines. — Taxe du pain et de la viande de cheval. — Nouveaux ouvrages de défense. — Mesure prise en vue d'un bombardement. — Conséquences du séjour prolongé et inactif de l'armée de Bazaine. — Soupçons communiqués par des officiers supérieurs. — Communication de journaux du dehors — Combat de Lauvallières. — Franc-tireur tué à l'ennemi. — Rationnement tardif des provisions succédant au gaspillage. — Bazaine éloigne le général Bourbaki. — Prix de certaines denrées et des viandes. — Découverte d'une source d'eau salée. — Revente du pain interdite. — Aurore boréale. — Vin de 1870. — Héroïsme des Messins. — Pétition remise par le maire de Metz au maréchal Bazaine. — Sa réponse évasive. — Murmures de l'armée. — Combats de Peltre et de Ladonchamps. — Nombreuses localités livrées au feu. — Les villages de Peltre et des Maxes détruits. — Arrêtés concernant le recours pour les valeurs négociables. — Souscription destinée à soulager les misères causées par l'état de siège. — Renseignements interceptés. — Réclamations énergiques adressées à l'autorité supérieure. — Conspiration militaire ayant pour but de forcer Bazaine à marcher ou de le déposer de son commandement. — Notre réserve doit céder à l'évidence. — Expulsion des Prussiens de Lessy. — Occupation définitive de Ladonchamps par les Français. — Canons postiches. — Fils de fer chargés aux approches des avant-postes allemands. — Nouveaux incendies. — Le comte de Bismarck-Bohlen, gouverneur-général de l'Alsace et de la Lorraine. — Peste bovine. — Délivrance d'armes aux habitants des campagnes réfugiés à Metz. — Lettre confidentielle de Bazaine à chacun des membres de son conseil de guerre. — Déclaration imposée aux détenteurs de blés et de farines — Courage de Hitter.

— Engagement dans la plaine de Thionville. — Encore un combat avorté. — Toujours les incendies. — Sorties à la Bazaine. — Communiqué. — Agonie de l'armée sous les murs de Metz. — Surprise des généraux de division. — Propositions et plans soumis par plusieurs d'entre eux. — Opinion de Coffinières. — Le Mexicain dort son sommeil. — Tempête. — Garde-mobile venu de Thionville. — Interdiction absolue de la sortie des blés, farines et fourrages. — Composition du conseil de guerre. — Mission du général Boyer. — Le sort de la place tenu en dehors de celui de l'armée devant ses murs. — Censure plus sévère contre la presse. — Emotion parmi le peuple. — Départ de Boyer pour Versailles. — Les officiers de la garde nationale demandent à être renseignés sur le bruit de négociations militaires. — Communiqué daté du Ban-Saint-Martin. — Haine de l'autorité césarienne. — Résistance à l'ennemi de plus en plus manifeste. — Remboursement immédiat aux créanciers de la caisse d'épargne et du mont-de-piété. — Nouveaux adjoints au maire de Metz. — Nominations d'administrateurs allemands dans le *Journal officiel* du gouvernement d'Alsace. — Change donné par le général Coffinières. — Conseil de défense. — Comité de surveillance des approvisionnements. — Réunion extraordinaire du conseil municipal. — Paroles de Coffinières. — Lecture publique par le maire d'une adresse au commandant supérieur de la place. — Réponse de celui-ci. — Manque de vigueur hâtive. — Nouvelles démarches. — Coffinières remet sa démission. — Réponse de Bazaine. — Assemblée des gardes nationaux. — Hommage à Fabert. — Adresse à l'armée. — Détonations persistantes inexpliquées. — Le général Changarnier. — Cri de résistance à mort. — Nobles résolutions de femmes de Metz. — Exagération des travaux des troupes d'investissement. — Communication de plans au général en chef. — Fabrication d'une seule sorte de pain. — Rations déterminées. — Paysans refoulés jusque sous les fortifications extérieures. — Retour du général Boyer. — Délibération du conseil municipal au sujet de l'intégralité des approvisionnements. — Séance quotidienne de ce conseil. — Temps d'ouverture des portes de la ville et des barrières des portails du Pont-des-Morts et du Pontiffroy. — Réunion du conseil de guerre. — Boyer est envoyé auprès de l'ex-impératrice. — Nouvelle concession de rations de pain du commandant supérieur de Metz à l'armée de Bazaine. — Réapparition du *Moniteur de la Moselle*. — Réduction des différentes rations de pain, suivant les âges. — Communication officielle faite verbalement par les chefs de corps à leurs officiers. — Déclarations complémentaires aux généraux. — Nouvelle réunion du conseil de guerre. — Projet de traité de paix approuvé par l'ex-empereur et auquel Bazaine avait donné son adhésion, sous certaines stipulations qui lui assuraient la position de dictateur. — Eglise de Peltre brûlée. — Tentative d'incendie des grandes Tapes. — Mesures réclamées contre les maraudeurs. — Accroissement de la misère. — Insuffisance de la viande de cheval. — Horreurs de la spéculation. — Bénéfices extraordinaires réalisés par les commerçants de bouche. — Modifications aux heures d'ouverture de certaines portes de la place. — Nouvelle anxiété. — Trêve de fait à toute hostilité. — Le général Coffinières devant le conseil municipal. — Menace d'un marchand de grains. — Plaintes émises publiquement. — La population messine ne se décourage pas. — Faits constatés aux avant-postes. — Communication au conseil de guerre. — Refus de l'ex-impératrice aux conditions de Bazaine. — Chevaux des particuliers mis en réquisition pour l'alimentation. — Les soldats ne reçoivent plus que du vin et du café. — Pluie continuelle. — État critique de la population civile. — Situation du général Coffinières. — Dépêche que lui adresse le maréchal Bazaine. — Le général Changarnier chez le prince Frédéric-Charles. — Deuxième communication faite verbalement par les chefs de corps et de service à leurs officiers. — Cri de la vindicte publique. — Demande de l'autorité communale au général Coffinières. — Le conseil de la cité maintient qu'il ne veut en rien engager sa responsabilité relativement aux conventions militaires. — Situation impossible faite à la ville de Metz. — Modification à l'éclairage par le gaz. — Tentative auprès du maréchal Bazaine. — Magnifique aurore boréale. — Ouragan effroyable. — La capitulation de l'armée et de la forteresse de Metz est décidée. — Proclamation de Coffinières. — Ordre général de Bazaine à l'armée. — Adhésion du conseil de guerre à la convention militaire. — Protestation des habitants. — Fin de la comédie de la famine. — Les gardes nationaux rendent leurs armes. — Scènes tumultueuses. — Mutte est sonnée. — Tocsin. — Metz-la-Pucelle est livrée. — Dévouement du peuple à l'armée. — Documents relatifs à la capitulation. — Adresse du maire et des membres du conseil municipal à leurs concitoyens. — Deuil public.

JOURNAL
DU
BLOCUS DE METZ

La vérité,
Rien que la vérité.

JUILLET 1870

Aussitôt que la déclaration de guerre [1] de la France à la Prusse, par l'Empereur Napoléon III [2], a été connue à Metz, une députation de citoyens, sous la direction de M. Félix Maréchal, maire de la ville, s'inspirant des circonstances, demanda le rétablissement de la

---

[1] Qui raisonnablement n'affirmerait que si la France eût été loyalement consultée sur la question de la paix ou de la guerre, qu'elle eût voté, à une immense majorité, en faveur de la paix?
Le plébiscite du 8 mai 1870 fut un leurre.
Depuis vingt ans, l'expression de la volonté nationale était contenue, faussée, dénaturée par les audacieuses combinaisons d'un système administratif qui ne laissait la liberté de parler qu'aux détenteurs et aux instruments de l'autorité.
Les préfets proclamaient que tout était au mieux dans le meilleur des mondes, et les votes des populations des campagnes venaient, — Dieu sait au prix de quels efforts, — appuyer les rapports officiellement mensongers.

[2] La nation n'a en aucune façon poussé à la lutte. C'est le gouvernement impérial seul qui conçut l'idée de l'agression, et qui, pour servir ses intérêts dynastiques, pour faire diversion à ses embarras intérieurs, considéra la

garde nationale. En même temps elle offrit à l'autorité militaire, le concours de la population pour la défense de la place et même pour les travaux de son armement [1].

La cité prit promptement une grande animation. Les offrandes patriotiques de toute nature affluèrent, et on s'occupa avec élan de créer un système d'ambulances pouvant répondre aux plus graves éventualités.

La guerre, cependant, avait rencontré peu d'enthousiasme parmi les Messins.....

Par décret impérial du 27, les localités suivantes, comprises dans la 5e division, furent déclarées en état de guerre : *Metz, Thionville* [2], *Longwy, Bitche, Marsal, Phalsbourg, Montmédy, Verdun et Toul.*

Le 28, à sept heures du soir, l'Empereur est arrivé à Metz, accompagné du Prince impérial et du prince Napoléon. La foule s'était réunie depuis la porte Serpenoise, tout le long du parcours

---

guerre comme une nécessité. Il est d'autant plus coupable qu'il n'était point préparé à soutenir ce rôle d'agresseur, alors que, par les rapports si lucides de son employé militaire à l'ambassade de Berlin, il ne pouvait ignorer les tendances et la force de la Prusse.

Napoléon, éclipsé par M de Bismarck, avait sa revanche à prendre.

La candidature du prince Hohenzollern au trône d'Espagne, a mis le feu aux poudres et comblé le désir secret du Sire impérial affaibli par de fréquentes souffrances et ne sachant plus lutter contre un entourage ardent, infatigable, âpre à la curée de toutes les faveurs.

La guerre, encore la guerre, par la volonté souveraine du chef d'un État, toujours prêt à évoquer le fantôme des anciennes rivalités de monarchie à monarchie ou des conquêtes, quand les peuples ne tendent qu'à se rapprocher !....

[1] Dans sa séance du 18 juillet, le conseil municipal, à l'unanimité, décida que S. Exc. le ministre de l'intérieur serait instamment prié de faire procéder à la réorganisation de la garde nationale.

[2] Le ministre avait fait désarmer cette place par un arrêté en date du 1er juillet 1870. Les autres villes fortifiées n'avaient qu'un nombre peu important de canons, la plupart à faible portée.

de Sa Majesté, jusqu'à l'hôtel de la préfecture où Elle est descendue. L'Empereur avait interdit toute réception officielle.

Seuls, les Cent-gardes, étincelants, paradaient autour de Napoléon et de son très-nombreux état-major, empanaché, brodé sur toutes les coutures des manches et des collets de leur uniforme constellé de décorations et de crachats.

En appelant toutes nos forces actives des points les plus reculés de la France et de l'Algérie, nous n'avions à opposer qu'une armée de bien peu supérieure en nombre à une seule des trois armées que l'Allemagne envoyait contre nous. De plus, notre matériel était insuffisant ou faisait défaut, et la direction était mauvaise partout. L'état-major lui-même, au lieu d'être pourvu de bonnes cartes des départements de l'Est, ne possédait que des cartes d'Allemagne.

Nos corps d'armée, organisés sur le papier, exigeaient de grands délais pour leur concentration. Le 28 juillet, les troupes en ligne ne présentaient pas les deux tiers de l'effectif réel.

Au plébiscite du 8 mai 1870, l'armée ne comptait que 300,000 hommes.

Où étaient les cent mille hommes complémentaires selon l'effectif sur pied de paix? Où passait l'argent qui leur était affecté par le budget du ministère de la guerre?

Les états dressés dans les bureaux ne donnaient que des chiffres complaisants.

L'intendance faisait preuve d'une déplorable incapacité. Les objets les plus nécessaires manquaient à Metz. Les voituriers requis dans les villages ne recevaient pas les vivres réglementaires. Personne n'eut le courage de crier la vérité.

L'imprévoyance du ministre s'ajoutait à l'incapacité de l'Empereur dans cette guerre insensée, follement entreprise, follement conduite.

La profonde désorganisation matérielle et morale de l'armée est imputable au souverain qui avait confié tous les détails de la grande machine militaire du pays à ses plus intimes familiers.

Au contraire, en Allemagne, plus d'un demi-million de combattants bien organisés était déjà réuni presque aux frontières francoprussiennes. Autant d'autres prêts à marcher, attendaient le signal de se porter en avant. Un matériel considérable avait été transporté dans l'ouest au moyen de trains incessants.

Depuis Sadowa, c'est-à-dire pendant trois ans passés, les chefs de la Prusse avaient tout calculé jusqu'aux perfectionnements progressifs des forces mécaniques appelés à servir la guerre, à la transformer.

Le maréchal Lebœuf, ministre de la guerre, major-général de l'*Armée du Rhin*, avait précédé Napoléon III, dès le 25, pour passer l'inspection de toutes les troupes de la garnison et de l'armée campée aux environs de la place. Il visita également, avec plusieurs officiers du génie, les forteresses voisines.

Le 28, l'Empereur data du quartier-général de Metz, sa proclamation à l'armée, et déclara la guerre devoir être « longue et pénible ».

Dans le but d'accélérer le transport du matériel militaire, on prescrivit d'exécuter, au plus vite, un chemin de fer de l'arsenal d'artillerie (retranchement de Guise) à la gare Serpenoise.

AOUT

Le 1er, le maire de Metz, en annonçant à ses concitoyens, le rétablissement de la garde nationale, a fait appel aux hommes de bonne volonté, aux anciens militaires surtout, et les a invités à se faire inscrire, sans retard, à l'hôtel de ville, soit pour l'artillerie, soit pour l'infanterie.

L'administration municipale s'était chargée d'établir des ambulances pour deux mille blessés. Elles ont été installées dans des baraquements en bois, au polygone de Chambière. Les fonds nécessaires ont été avancés par la caisse de la ville à l'Etat.

Les manifestations les plus généreuses n'ont pas cessé de se produire en faveur de notre armée. Un grand nombre de particuliers, d'associations et de communes ont mis leurs bâtiments ou des lits à la disposition de l'autorité. L'affluence des dons en argent et en nature n'a pas discontinué. Les médecins civils ont assuré leur plus entier dévouement au service des différentes ambulances, spécialement à celles de Chambière. La compagnie des chemins de fer de l'Est a arrangé son matériel de façon à y installer les blessés, aussi confortablement que possible. Elle a fait adapter à ses wagons, des poignées mobiles auxquelles on suspendait des hamacs. Des locaux étaient appropriés dans toutes les gares, pour y recevoir les vivres et les cordiaux dont les convois de blessés auraient besoin.

En moins de huit jours, la même compagnie, qui s'était offerte pour constituer le bataillon d'ouvriers militaires chargés de réparer les voies ferrées détruites par l'ennemi, avait pu réunir un effectif de 600 hommes, tous ouvriers d'élite, charpentiers, poseurs, forgerons, etc. Cette troupe a été désignée sous le nom de *Corps franc des chemins de fer.*

La force armée mise à la disposition de la Prusse par l'Allemagne, consistait, dès le 2 de ce mois, en 1,120,000 hommes, avec 1,734 canons et 106,400 cavaliers. Tous, même la Landwer et les recrues qui étaient exercées aussi bien que les troupes de ligne, étaient munis des meilleures armes et d'un matériel de guerre excellent; ils étaient conduits par des généraux habiles et des officiers éprouvés. L'armée, à proprement parler, active, sous le commandement du roi Guillaume, était divisée en trois autres armées: la première ou ARMÉE DU NORD, ayant pour chef supérieur, le général prussien Von Steinmetz, forte de 130,000 hommes, était dans les environs de Trèves, de Sarrelouis et de Sarrebruck, sur les frontières.

La deuxième ou ARMÉE DU CENTRE, commandée par le prince Frédéric-Charles, forte de 140,000 hommes, était dans le Palatinat; ses avant-postes se trouvaient déjà au-delà de Deux-Ponts jusque près de Sarreguemines. Le 12ᵉ corps, sous les ordres du Prince royal de Saxe, en faisait partie.

La troisième ou ARMÉE DU SUD, commandée par le Prince royal

de Prusse, était formée par la réunion de vieilles troupes prussiennes, des deux corps d'armée bavarois, d'une forte division de Badois et du contingent Wurtembergeois; elle comptait environ 150,000 hommes. Ses avant-postes, établis à Berg-Zabern, s'étendaient le long du chemin de fer jusque près de Wissembourg, de Wœrth et principalement près de Lauterbourg à la frontière franco-badoise.[1]

Avant que ces trois puissantes colonnes pussent être complétées et prêtes à combattre, l'ennemi avait reconnu la nécessité pour lui de tromper les généraux français sur les forces et la position qu'elles occupaient, ou tout au moins de les laisser à cet égard dans l'indécision. Il simula d'avoir massé des troupes assez importantes dans la vallée de la Nahe.

[1] Chacune de ces armées avait une nombreuse et puissante artillerie, et tous les soldats étaient porteurs d'excellentes cartes topographiques, grâce à l'habileté de leurs savants états-majors.

A mesure qu'ils avancèrent dans la France et à chaque nouvelle combinaison stratégique, ces corps de troupes reçurent des cartes indiquant jusque la situation du moindre hameau et de la moindre ferme qu'elles avaient à traverser. Ces cartes n'étaient rien moins que celles dressées en feuilles d'atlas au dépôt de la guerre, à Paris, sur l'échelle de 1/80,000°. Le bureau topographique de Berlin avait travaillé depuis des années à la reproduction de ces cartes, ce qui explique que l'état-major prussien put les distribuer au commencement de la campagne, au nombre de plus de deux millions d'exemplaires.

Outre ces cartes, on distribua plus tard aux troupes d'investissement un plan de Paris agrandi, à l'échelle de 1/40.000°, et une carte dressée sur l'échelle de 1/320,000°, donnant un aperçu général et détaillé des endroits les plus reculés. Pour le tout, on employa le papier de chanvre qui permet la mise en circulation immédiatement après l'impression, économise les frais de collage sur toile et évite le développement que demande ce collage.

Le souvenir de la surprise de Sadowa, où l'armée autrichienne fut foudroyée par une arme nouvelle, le *fusil à aiguille*, avertissait qu'après le mousquet qui fit tant pour la victoire prussienne, les Allemands avaient dû perfectionner avec passion leur artillerie déjà fameuse.

En effet, leurs officiers spécialistes n'avaient pas connu plutôt le mérite du *fusil Chassepot*, qu'ils s'étaient ingénié à chercher le moyen de tuer à distance des armées entières, le plus souvent sans se risquer hors de leurs batteries.

A ce même jour (2 août) parut à Forbach, l'Empereur accompagné de son fils, et eut lieu le *combat de Sarrebruck* dont il apporta la nouvelle de l'heureux succès à Metz. [1]

Par malheur, le général du génie Frossard [2] resta inactif quatre jours devant Sarrebruck [3]. Ce temps était des plus précieux pour les Allemands. Un chroniqueur de la campagne de 1870, de leur nation, dit que les généraux prussiens parvinrent à faire mine plus avantageuse encore pour eux, du temps, par l'illusion à l'aide de laquelle ils donnèrent à supposer la présence de forces beaucoup plus considérables que celles qui s'étaient avancées de leur côté. Ce qui permit la complète installation de leurs armées. Une tromperie analogue se produisit avec le même succès dans le duché de Bade, où dix mille hommes résolurent ce problème. Cette faible troupe était dans l'impossibilité d'empêcher l'armée française, qui était à Strasbourg, d'envahir le duché et de s'étendre jusqu'à Rastadt. En conséquence ces dix mille hommes marchèrent continuellement pendant une semaine, en détachements « çà et là, en long et en large, » se reposant la nuit, se levant au point du jour, se montrant alternativement dans diverses villes et produisant ainsi l'illusion d'une armée considérable prête à entrer en Alsace après avoir opéré le passage du Rhin.

Bientôt, à partir du Luxembourg, le long des frontières de la Prusse rhénane et du Palatinat, tout fut disposé sur un front de

---

[1] Partie de Metz à huit heures du matin, Sa Majesté était déjà de retour à quatre heures après-midi.

Des convois considérables de toutes sortes étaient alors expédiés sur notre frontière, principalement à Saint-Avold et à Forbach.

[2] Il commandait le 2e corps et était le précepteur du Prince impérial.

[3] Les généraux français n'avaient pas la moindre idée de la nouvelle manière des Prussiens de faire la guerre.

Nos forces actives, si inférieures en nombre d'hommes et en artillerie, au lieu d'être dispersées, auraient dû être massées et couvrir la frontière.

vingt milles, [1] (140 kilomètres), les troupes attendant seulement l'heure où viendrait l'ordre d'avancer. . . . . .

A la suite des échecs — glorieux cependant — d'une partie [2] de

[1] Les dispositions prises pour diriger les mouvements des troupes allemandes vers la frontière ont été combinées avec une habileté consommée Il est juste de le reconnaitre. Ces mouvements se sont opérés à la fois sur cinq lignes de chemin de fer parallèles, sous la direction d'une commission instituée à Berlin et composée d'officiers de l'état-major ainsi que de fonctionnaires du ministère des travaux publics et des voies de communication. Cette commission a conservé une attention soutenue à l'organisation de ce qu'on est convenu d'appeler en, termes militaires, *derrières de l'armée* c'est-à-dire l'étendue de pays comprise entre les corps en campagne et la base d'opération.
Voici en quoi consiste cette organisation :
A chaque corps d'armée est attaché un inspecteur général desétapes ou des communications militaires, qui a sous ses ordres une administration spéciale.
Elle se compose : 1º d'un chef d'état-major et de premiers aides de camp, 2º du directeur d'étapes des chemins de fer, 3º du directeur d'étapes des télégraphes, 4º du maître de poste et de deux inspecteurs, 5º de l'intendant, 6º du médecin principal, 7º du prévôt de gendarmerie.
Cette inspection est établie d'ordinaire à une marche en arrière du quartier général de l'armée à laquelle elle est attachée, à ce qu'on nomme le *point principal d'étapes*, d'où une suite d'étapes s'étend à l'intérieur de la Prusse, jusqu'aux quartiers généraux des commandements territoriaux des armées d'opération. Ces quartiers généraux ont été, dans la plupart des cas, les points de départ des envois faits aux armées. Les inspections d'étapes ont principalement pour mission : 1º d'assurer à l'aide de troupes désignées à cet effet, les communications entre les armées et la mère-patrie, ainsi que de réparer et d'entretenir en état les voies de communication, les chemins de fer, ponts, lignes postales et télégraphiques, de faire la police de ces lignes, etc ; — 2º de faire parvenir à l'armée les renforts en hommes et en chevaux ainsi que les vivres et les fournitures d'intendance ; — 3º d'évacuer du théâtre de la guerre les malades, les blessés, les prisonniers, etc.
Pour assurer la sécurité et la régularité des communications, ordre fut donné de charger de cette mission des détachements spéciaux formés de troupes de la Landwehr, infanterie, cavalerie, artillerie ou génie. De cette manière, les effectifs d'un corps, d'une division ou d'un régiment d'opération furent toujours maintenus.

[2] Le 2º corps de l'armée française commandé par Frossard, à Forbach, et celui du loyal Mac-Mahon, à Frœswiller.
Ces deux désatres furent immédiatement suivis de la retraite, par ordre, de

notre armée, l'inscription pour la milice citoyenne est devenue obligatoire à Metz. M. Lafitte, colonel d'artillerie en retraite, qui était à la tête du 17ᵉ régiment de cette arme, en garnison dans notre ville, quelques semaines auparavant, fut appelé au commandement de la garde nationale.

Par décret du 7, a été nommé commandant supérieur de la place de Metz déclarée en état de siège, le général de division du génie, Coffinières de Nordeck, auquel a été faite immédiatement la remise des pouvoirs les plus étendus, civils et militaires. En vertu de ses ordres : — ont été suspendues les élections municipales ; — on a supprimé momentanément les concessions d'eau consenties en faveur des particuliers ainsi que des établissements publics et privés ; — on a arrêté le mouvement d'émigration de la campagne sur Metz ; — plusieurs portes de la ville ont été interdites à la circulation : quelques-unes seulement ont été ouvertes de 6 à 8 heures du matin et de 5 à 7 heures du soir ; [1] — on a obligé à raser le sol sur la première et la seconde zônes. [2]

Par autre décret, le maréchal Bazaine [3], fut désigné en qualité de chef de l'*Armée du Rhin*. Le général de division Jarras lui fut donné comme chef d'état-major par la même décision, qui supprima les fonctions de major général et des deux aides-majors.

Les trois armées allemandes dirigeaient leur marche vers Thion-

toutes nos troupes, sans qu'on eut songé à défendre aucune des positions stratégiques entre Styring et Metz, à rompre un pont ou à couper le chemin de fer, ni même à sauver les approvisionnements.

[1] Cette mesure a amené chaque jour des encombrements d'autant plus inévitables que les troupes et les convois militaires arrivaient aux mêmes heures que les habitants sortaient ou rentraient, et que les campagnards apportaient leurs denrées aux marchés.

[2] Etait-ce une nécessité pour la défense, avec la portée actuelle de l'artillerie et l'enceinte extérieure des forts détachés ? Si, non, pourquoi maintenir des réglements surannés ?

[3] François-Achille Bazaine naquit, le 13 février 1811, d'une famille originaire du village de Scy près Metz, mais loin de ce pays.

ville, Metz et Nancy [1]. Celle, sous les ordres de Steinmetz, s'avança au nord de notre forteresse, pour s'établir solidement sur la Moselle, entre Thionville et Metz. L'armée du centre marcha, partie droit devant cette dernière place, partie obliquement vers le Sud, dans le but de l'investir, à l'ouest, au sud, et au sud-ouest sur les deux rives de la Moselle qu'elle passa vers Pont-à-Mousson. L'armée du sud, commandée par le Prince royal, s'attacha à la poursuite de Mac-Mahon jusqu'au de là de Nancy, sur la route de Chalons, se dirigeant autant que possible vers le nord, afin d'empêcher la jonction de ce général avec l'armée de Bazaine, tout en faisant son mouvement sur Paris.

Le 13, le roi de Prusse, par une ordonnance datée de son quartier général, à Saint-Avold, déclara la conscription abolie dans les parties du territoire français occupées par ses troupes.

La journée du 14 a sa place dans l'Histoire. Les masses allemandes tentaient à opérer leur jonction sur les routes de Verdun et de Nancy. Si cette combinaison avait réussi, c'était le blocus qui commençait le soir même, non-seulement pour Metz, mais aussi pour l'*Armée de la Moselle,* improprement nommée *Armée du Rhin*. La *bataille de Borny* a fortement entamé une des puissantes colonnes prêtes à donner aide et secours aux Prussiens déjà plus engagés sur notre pays.

Par ordre du maréchal Bazaine, général en chef de toutes les forces réunies en avant de Metz, le camp reformé devant cette ville, [2] fut levé le dimanche, 14, au matin. Le gros des troupes qui le composaient, exécuta un mouvement en arrière ayant pour objectif la route de Verdun pour couper aux Prussiens le chemin de Paris.

[1] Ces trois villes sont placées en face des frontières allemandes dans une diversion obliquement verticale.

[2] L'armée avait fait des marches et des contre-marches sans but et toujours mal réglées, sur différents points du département de la Moselle, après avoir été d'abord assemblée autour de Metz, principalement au Ban-Saint-Martin et dans l'île de Chambière. Elle s'était réunie sur la rive droite de la Moselle, le 11.

Des ponts volants jetés en amont et en aval de la place sur les différents bras de la Moselle, facilitèrent le passage de l'armée de la rive droite à la rive gauche ; mais ils n'étaient point en nombre suffisant. Lorsque le 3ᵉ corps restait seul sur la première de ces rives, l'ennemi, en masses compactes, marcha sur les positions évacuées. Le premier engagement eut lieu à notre extrême gauche, vers Sainte-Barbe. Notre front de bataille s'étendait de ce village à 11 kilomètres de Metz, à Grigy. Les colonnes prussiennes, quoique de plus en plus profondes, après une lutte de quatre heures, furent refoulées sur tous les points, grâce à la présence d'esprit du général Ladmirault. Les troupes, placées sous son commandement, avaient déjà passé les ponts, lorsque leur chef entendant le canon, leur fit faire volte face et accourut appuyer le 3ᵉ corps. Les localités qui souffrirent le plus, furent Servigny-lès-Sainte-Barbe, Poixe, Nouilly et Noisseville. [1]

L'Empereur traversa Metz, à 9 heures du soir, et alla passer la nuit à Longeville, dans la maison du colonel en retraite Hennocque, ancien député. Deux arches du pont du chemin de fer sur Thionville, voisin de ce village, furent détruites aussitôt, tandis qu'on ne prit pas semblable précaution, — ce qui eut été utile, — au nouveau pont rapproché d'Ars-sur-Moselle. Le génie avait miné ce dernier dont la conservation a été d'une grande commodité aux mouvements ultérieurs des Prussiens.

Des hommes compétents ont exprimé alors la surprise que celles de nos troupes qui n'avaient point pris part à l'action, n'aient pas reçu l'ordre de poursuivre immédiatement les avantages obtenus avant la nuit. Le contraire eut lieu, puisqu'elles continuèrent la retraite sur la rive gauche de la Moselle, dans la direction de Verdun. Mais déjà l'ennemi avait prévenu notre concentration sur le plateau de Gravelotte, en accourant de Nomeny, de Gorze et de Briey. Par une négligence coupable, le 6ᵉ corps de l'*Armée du Rhin*

---

[1] Les forts de St-Julien-lès-Metz et de Queuleu, qui n'étaient encore armés que de quelques pièces de position, contribuèrent à assurer la victoire, en obligeant les batteries de l'ennemi à reculer.

n'était pas complètement constitué en artillerie, génie, cavalerie, ni même en infanterie; une de ses divisions n'avait qu'un seul régiment. En outre, cette armée était encore privée de son grand parc de réserve qui était arrêté à Toul.

Napoléon III quitta Longeville, après avoir confirmé le commandement en chef au maréchal Bazaine, qui eut ainsi définitivement sous ses ordres, les maréchaux Lebœuf et Canrobert. Il laissait cet adieu, daté du 14, du quartier général :

« Habitants de Metz,

« En vous quittant pour aller combattre l'invasion, je confie à votre patriotisme la défense de votre grande cité. Vous ne permettrez pas que l'étranger s'empare de ce boulevard de la France et vous rivaliserez de dévouement et de courage avec l'armée.

« Je conserverai le souvenir reconnaissant de l'accueil que j'ai trouvé dans vos murs et j'espère que dans des temps plus heureux je pourrai revenir vous remercier de votre noble conduite. » [1]

Le 15, l'armée française avait continué de défiler, [2] et le 16, elle campait, pour la majeure partie, dans des positions ayant

---

[1] Paroles mensongères ! Cet accueil n'avait été rien moins que sympathique. Napoléon devait chercher à sortir au plus tôt de Metz, où des murmures se faisaient entendre, dans l'armée comme parmi les habitants; il était incapable de protester contre des soupçons justifiés.

Au prix du sang déjà répandu et de celui qui doit couler encore pour sa délivrance, au prix de villages incendiés, de bois dévastés, de campagnes saccagées, la France avait une seule pensée : chasser l'étranger.

Cette tâche accomplie, elle pouvait dire à l'Allemagne :

« Je te tends une main fraternelle. Que nos deux races faites pour
« s'estimer et se compléter, oublient et réparent dans une éternelle alliance
« les haines et les maux enfantés par une guerre sans merci ! »

[2] Pendant ce temps, les soldats de la Prusse se dissimulaient dans les bois voisins.

pour jalons Flavigny, Rezonville et Gravelotte.[1] Les Allemands s'avancèrent sans bruit par la vallée ombrageuse de cette partie boisée du canton de Gorze, et tombèrent à l'improviste, sur le deuxième corps, à Flavigny. Son chef, le général Frossard, par sa négligence, faillit compromettre le sort de la journée. Le principal effort de la bataille eut Rezonville pour théâtre, puis Vionville et Saint-Marcel. Ces deux derniers villages furent incendiés. De 9 heures du matin à 8 heures du soir, l'artillerie ne cessa point de tonner. Cette lutte terrible, et certes des plus sanglantes, qu'on a nommée avec raison une *bataille de géants*, se termina par la retraite de l'ennemi [2]. Cette nouvelle victoire n'eut malheureusement pas d'autre résultat que d'assurer le départ à toutes brides de l'Empereur, qui avait couché à Gravelotte [3], et de ses bagages, protégés par deux régiments de chasseurs d'Afrique.

Chose inexplicable ! Un ordre contraignit nos soldats qui avaient passé la nuit sur le champ de bataille, à prendre, le lendemain, de bonne heure, des positions en arrière.

---

[1] Une de nos divisions de cavalerie éclairait la route de Mars-la-Tour. Celle du général du Barail surveillait la route de Conflans.

[2] Il y eut des deux côtés des actes d'audace extraordinaires. La cavalerie eut des mêlées épouvantables.

[3] La garde impériale avait été établie en avant de ce village.
Napoléon quitta Metz pour ne pas être bloqué. Il rejoignit à Chalons l'armée du duc de Magenta. De l'avis du maréchal et du général Trochu, l'Empereur se disposait à marcher sur Paris. Ce qui aurait permis à l'armée de Bazaine d'immobiliser près de Metz la plus grande partie des forces prussiennes. Pendant ce délai, des troupes nouvelles eussent été rasssemblées et l'organisation de la défense se fut consolidée.
Mais une sorte de fatalité s'attachait à tous les actes du gouvernement « décidé à ne point contrecarrer la décision de la Régence. »
On était de plus en plus mal renseigné, les régiments n'avaient pas leurs effectifs de guerre, les places fortes de l'Est avaient été désarmées au mois de juin 1870 ; la désorganisation était déplorable sur tous les points et dans tous les services. On ne sut jamais la position des ennemis et on était ainsi exposé à s'engager sans connaître la force des corps que l'on avait à combattre.

Le 17, le maréchal exposait à l'Empereur et au ministre de la guerre, en ces termes, la situation de l'armée :

« On dit aujourd'hui que le roi de Prusse serait à Pange ou au château d'Aubigny, qu'il est suivi d'une armée de 100,000 hommes, et qu'en outre des troupes nombreuses ont été vues sur la route de Verdun et à Mont-sous-les-Côtes. Ce qui pourrait donner une certaine vraisemblance à cette nouvelle de l'arrivée du roi de Prusse, c'est qu'en ce moment les Prussiens dirigent une attaque sérieuse sur le fort de Queuleu. Ils auraient établi des batteries à Magny, à Mercy-le-Haut et au bois de Pouilly; dans ce moment le tir est même assez vif. Quant à nous, les corps sont peu riches en vivres ; je vais tâcher d'en faire venir par la route des Ardennes qui est encore libre. M. le général Soleille [1], que j'ai envoyé dans la place, me rend compte qu'elle est peu approvisionnée en munitions et qu'elle ne peut donner que 800,000 cartouches [2], ce qui, pour nos soldats, est l'affaire d'une journée. Il n'y a également qu'un petit nombre de coups pour pièces de quatre, et enfin, il ajoute que l'établissement pyrotechnique [3] n'a pas les moyens nécessaires pour confectionner les cartouches. M. le général Soleille a dû demander à Paris ce qui est indispensable pour remonter l'outillage ; mais cela arrivera-t-il à temps ? Les régiments du corps du général Frossard n'ont plus d'ustensiles de campement et ne peuvent faire cuire leurs aliments. Nous allons faire tous nos efforts pour reconstituer nos approvisionnements de toute sorte afin de reprendre notre marche dans deux jours si cela est possible. Je prendrai la route de Briey. Nous ne perdrons pas de temps, à moins que de nouveaux combats déjouent mes combinaisons. »

Le 18, une troisième bataille fut livrée depuis onze heures du matin jusqu'à la nuit. Amanvillers et Marengo étaient au centre à peu près de notre front [4]. Jusque quatre heures, nous étions dans

[1] Il commandait en chef l'artillerie de l'armée. Il avait établi sa résidence au Ban-Saint-Martin, en face de la propriété qu'habitait Bazaine.

[2] En outre il existait quatre millions de cartouches dans les magasins du chemin de fer.

[3] Depuis le 1er juillet 1870 l'école centrale de pyrotechnie était à Bourges.

[4] Toutefois c'est autour de Saint-Privat-la-Montagne et dans ce village même que s'est rencontrée l'action la plus vive. L'Église et quatorze maisons ont été entièrement brûlées, la plupart des autres habitations ont été saccagées.
Saint-Privat continua à être occupé par l'ennemi après la bataille du 18, à cause de l'importance de la position.

les meilleures conditions. Mais l'arrivée soudaine de troupes fraîches placées sous le commandement des généraux supérieurs les plus éprouvés, et en nombre considérable, vint apporter au général Steinmetz, commandant des forces importantes jusqu'alors engagées, un renfort décisif. Les Prussiens, par un mouvement rétrograde auquel ils excellent, arrêtèrent tout-à-coup le progrès de ceux des nôtres qui refoulaient l'ennemi. Vers cinq heures trois quarts, on aperçut de Metz d'énormes colonnes de fumée s'élever au-dessus du fort des Carrières, dans la direction de Saint-Privat-la-Montagne [1]. Un corps prussien exécutant une courbe immense, débouchait au-dessus de Jaumont, et se précipitait sur notre droite avec une puissante artillerie [2]. La nôtre, par une fatalité inouïe, manqua de munitions, et la Garde placée en réserve ne donna point. Pourtant, malgré le poids écrasant de la quantité de pièces dont disposait l'étranger, malgré une panique qui résulta de la confusion entre les convoyeurs et des soldats, et qui gagna jusque Metz [3], notre 4ᵉ corps put conserver ses positions [4]. Beaucoup de blessés, ramenés

---

[1] Il y avait 300,000 allemands contre 150,000 français dont une forte partie seulement fut activement mêlée à la bataille.

[2] Notre artillerie de campagne était de beaucoup inférieure en nombre et en calibre; mais supérieure comme portée. Cette qualité était amoindrie toutefois par les affûts à flèche et à vis de pointage de nos canons.
La supériorité de l'armement français semble résulter de cette remarque généralement faite après chaque combat : chez nous, petite proportion de morts relativement au nombre de blessés et beaucoup de blessures légères; chez l'ennemi, au contraire, quantité de morts et gravité des blessures.

[3] Un *sauve qui peut* fut prononcé à l'improviste et répété de groupe en groupe sur la route de Thionville.

[4] Voici les noms sous lesquels on a désigné les trois journées militaires des 14, 16 et 18 :
14, BATAILLE DE METZ OU DE BORNY; — 16, BATAILLE DE GRAVELOTTE OU DE MARS-LA-TOUR; — 18, BATAILLE DE SAINT-PRIVAT OU D'AMANVILLERS.
Nous avons parcouru le champ funèbre s'étendant depuis Saint-Privat jusque Châtel-Saint-Germain, avec des plantons chargés de surveiller l'enlèvement des morts et d'en écarter les rôdeurs, espèces de chacals humains qui vivent du dépouillement des cadavres.
Quel pitoyable et grandiose pêle-mêle de la destruction !

dans la nuit, criaient : « Nous sommes trahis ! La France est
« vendue ! » [1]

Le lendemain, dans la matinée, le maréchal Bazaine, — qui n'avait point assisté à la bataille du 18, — ordonna de concentrer toute l'armée sous les forts du St-Quentin et des Carrières, même la cavalerie qui aurait dû s'étendre pour ménager les fourrages. Il y avait certainement un meilleur parti à tirer de la belle et stratégique position de Metz. En se resserrant moins surtout dès le début, en occupant des hauteurs dominantes et des points défensifs, on aurait écarté davantage l'ennemi qui sut prendre ses précautions, détruisant les ponts sur l'Orne et rendant impraticable la voie ferrée de Thionville [2]. Les Prussiens profitèrent de cette nouvelle faute et entourèrent la place le mieux qu'il leur fut possible, résolus de se fortifier de toutes parts et d'enserrer de plus en plus *Metz-la-Pucelle*. Bientôt de leurs éclaireurs eurent l'audace de pénétrer dans la banlieue et y jetèrent l'épouvante, enlevant jusque des hommes isolés dans les champs. A cette époque, la ferme de Saint-Ladre [3], riche propriété de l'hospice Saint Nicolas, devint entièrement la proie des flammes. Des francs-tireurs de la compagnie d'Ars-sur-Moselle avaient abattu quelques uhlans près d'Ancy et de Dornot, ceux-ci revinrent en force et brûlèrent plusieurs maisons de ces villages. Ars n'échappa au feu que grâce au sang-froid et à l'énergie d'hommes dévoués et influents.

[1] J'ai entendu ces cris très-distincts, étant de service cette nuit même, au poste des gardes nationaux devant le Moyen-Pont, qui était le passage de la plupart des convois de blessés

[2] Bazaine s'enfermait devant Metz, avec une armée de 180,000 combattants, la meilleure peut-être que la France eût jamais eue ; c'en était plus qu'il n'en fallait, de l'aveu de tous les hommes compétents, pour empêcher l'établissement des moindres travaux d'investissement et rester maître toujours de percer la ligne d'une armée qui n'était guère que de force égale.

[3] Elle se trouve en arrière du fort encore inachevé de Saint-Privat-lès-Metz.

En présence de la gravité de la situation, le peuple messin comprit que le calme et l'harmonie étaient d'une impérieuse nécessité. Les gens de cœur de toutes les opinions politiques se préoccupèrent du salut de la patrie menacée et de l'armée mal commandée.

Quel triste spectacle que celui qui nous fut désormais offert !

Dès l'investissement de la place, on s'attendait à voir, chaque jour, une partie des troupes du maréchal Bazaine, fatiguer, harceler, de nuit surtout, par des sorties, l'armée prussienne, de manière à lui faire subir des pertes successives et démoralisantes. Cela devait être d'autant plus que le commandant en chef savait que les troupes confédérées occupaient une ligne à peu près circulaire, dont le diamètre moyen était d'environ 17 kilomètres. Il pouvait, en agissant ainsi, réparer son impéritie, et réussir à faire reculer au loin les corps assiégeants [1]. Hélas ! les ordres impatiemment attendus n'arrivèrent jamais.

A partir du 18, commença cette agonie de 71 jours qu'on nomme le *blocus de Metz*. La ville est privée de toute communication avec le dehors : plus de journaux, plus de correspondance aucune. La guerre enferme ses habitants surpris, dans un cercle de fer et de feu !...

La pluie, si longtemps désirée, tombait en abondance. Mais les produits de la terre, auxquels elle aurait profité, étaient saccagés.

Certaines rumeurs fâcheuses, à l'égard de Bazaine, ayant transpiré principalement parmi l'armée, il a adressé, le 20, du grand

---

[1] En effet, Bazaine avait toute facilité de faire se transporter avec la promptitude désirable, en traversant la ville, des renforts suffisants, là où ils devenaient nécessaires. Pour l'ennemi, au contraire, les communications étaient souvent difficiles et toujours lentes.

Aussi, après quelques semaines, nécessité aurait été imposée aux Prussiens de réclamer un supplément respectable de forces, ce qui aurait réduit d'autant leurs armées marchant sur l'intérieur de la France, ou de se retirer. En ce dernier cas, l'armée sous Metz était complètement libre d'agir et poursuivait à outrance les envahisseurs.

quartier général, au Ban-Saint-Martin, l'ordre ci-dessous :

« Officiers, sous-officiers et soldats de l'Armée du Rhin,

« Vous venez de livrer trois combats glorieux dans lesquels l'ennemi a éprouvé des pertes sensibles et a laissé entre nos mains un étendard, des canons et 700 prisonniers.
« La Patrie applaudit à vos succès.
« L'Empereur me délègue pour vous féliciter et vous assurer de sa gratitude. Il récompensera ceux qui ont eu le bonheur de se distinguer parmi vous.
« La lutte ne fait que commencer. Elle sera longue et acharnée, car quel est celui de nous qui ne donnerait pas la dernière goutte de son sang pour délivrer le sol natal ?
« Que chacun de nous, s'inspirant de l'amour de notre chère Patrie, redouble de courage dans les combats, de résignation dans les fatigues et dans les privations.

« Soldats,
« N'oubliez jamais la devise inscrite sur vos aigles : *Honneur et Patrie*, et la victoire est assurée, car la France entière se lève derrière vous. »

Cette communication ne rétablit pas entre l'armée et son chef, la communauté de sentiments si nécessaire pour faire battre tous les cœurs à l'unisson. Pour tous, Bazaine avait cessé d'être *l'homme de la France*.

Le roi Guillaume, M. de Bismarck et l'habile stratégiste, général de Moltke, étaient devant Metz. Leur quartier général était à Ars-sur-Moselle...

Le 24, l'ennemi a coupé, près de Vaux, les conduites amenant dans Metz l'eau de Gorze.

Il construisait un chemin de fer américain de Rémilly à Pont-à-Mousson, ¹ pour tourner la forteresse.

Le 25, a paru le premier numéro du *Journal de Metz*, destiné

---

¹ Cette voie mesurant 35 kilomètres fut exécutée, en trente jours, par des employés des chemins de fer allemands qui accompagnaient chaque armée, et qui étaient répartis en sections, placées sous les ordres du chef de l'état-major général et de la commission exécutive attachée à cet officier.

à relater les faits les plus saillants de la guerre (de l'imprimerie de Ch. Thomas ; M. Albert Collignon, directeur-gérant).

Le 26, le Conseil de révision a confirmé l'arrêt rendu le 20 du même mois, par le premier conseil de guerre, qui condamnait à la peine de mort, un espion très-intelligent et d'une énergie rare, prétendant se nommer Nicolas Schull, de Degelmann. Il avait offert ses services simultanément aux belligérants et avait été en partie la cause de la défaite héroïque de la division du général Abel Douay, à Wissembourg. Schull a été fusillé, le 28, à 6 heures du matin, dans un angle des fossés de l'ancienne citadelle, derrière la caserne du génie.

A cette date, l'armée, soi-disant assiégeante, n'avait point encore inquiété nos mouvements qui se bornaient à l'armement des forts, ce qui avait permis à nos troupes de se remettre et de jouir d'un bien-être qu'elles n'avaient pas connu depuis plusieurs jours. L'ennemi était exclusivement occupé à établir de tous côtés des batteries sur les hauteurs dominantes...

On songeait enfin à former d'une manière utile la garde mobile dont on avait tiré nombre d'ordonnances, de commis de bureaux et d'infirmiers-auxiliaires. De son côté, la garde nationale sédentaire s'exerçait avec assiduité ; mais son artillerie n'était pas encore en voie d'organisation, [1] malgré la bonne volonté et les anciens services des citoyens qui devaient être appelés à en faire partie.

Plus de soixante-dix ambulances publiques ou privées existaient à Metz ou aux abords de la ville. On y comptait environ 13,000 blessés et malades ; ce chiffre atteignit près de 23,000, à cause des

---

[1] La garnison de Metz se composait d'une division détachée du 2e corps (général de Laveaucoupet), *a* du régiment du génie, de quelques dépôts, du corps franc des chemins de fer et des détachements qui n'avaient pu rejoindre leurs corps.

a Les troupes de cette division avaient pour mission spéciale la défense des forts détachés.

intempéries et des privations.[1] L'administration du chemin de fer de l'Est rentra sur la place Royale, les approvisionnements qui se trouvaient dans ses magasins et les wagons destinés au transport des marchandises qui étaient à la grande gare.[2] Ces wagons furent utilisés en nouvelle ambulance. Ce qui fut d'un grand secours. L'Esplanade était déjà entièrement couverte de tentes pouvant recevoir 1,800 hommes.

Si la population messine, à l'arrivée des troupes, ne leur avait pas offert de fête, — accueil qu'elle leur réservait après une victoire sérieuse, — du moins elle fit preuve d'un dévouement qui fut à la hauteur des circonstances les plus critiques auxquelles elle a été si longtemps exposée.

Le 26, Bazaine avait fait repasser les ponts sur la Moselle aux 4e et 6e corps ainsi qu'à la garde, et les avait massés en avant de Saint-Julien. L'armée s'attendait à forcer le passage; il n'en fut point ainsi, l'ordre lui ayant été imposé soudainement de rentrer dans ses anciens cantonnements,[3] sous prétexte de mauvais temps.[4] Le commandant en chef se borna à tenir un conseil à Grimont. Ce conseil décida que l'armée devait rester sous la forteresse. Quelle déception! A Metz aussi, on avait cru que le maréchal allait tenter un effort sérieux pour se dégager. *L'Armée du Rhin*, était, hélas! condamnée à l'immobilité et à l'épuisement stérile de ses ressources.

Les Prussiens, avertis par cette marche, qu'une tentative pourrait encore se faire par la route où on avait paru vouloir déboucher, redoublèrent de vigilance et s'empressèrent de garnir de canons ce côté. Ils y travaillèrent avec activité. . .

[1] Malgré une pareille agglomération, on échappa aux épidémies dans ces ambulances jusqu'aux premiers jours d'octobre du moins.

[2] Les locomotives, pour la majeure partie, avaient été envoyées en Suisse.

[3] Les 2e et 3e corps étaient restés sur la rive droite.

[4] N'était-il pas au moins aussi défavorable aux manœuvres des forces assiégeantes ?

Le temps humide est descendu à la grande pluie. Le 27, il y eut un très-violent orage, et, dans la nuit, une véritable tourmente de vent et d'averses. Nous avons subi la réaction de cinq mois de sécheresse.

Le 31, les corps de la rive gauche de la Moselle passèrent au matin la rivière, et vinrent s'assembler au fort de St-Julien où ils furent aussitôt rejoints par le 3ᵉ corps, près du ravin de Vallières, tandis que le 2ᵉ corps, après avoir traversé la Seille, formait l'aile droite. [1] L'ennemi n'accepta le combat qu'après qu'il fût certain de l'arrivée de toutes ses ressources. Il avait, dans ce but, dépêché signaux sur signaux. Nous avions pointé du fort des batteries de 24, qui, placées en avant, avaient balayé la route de Grimont à Vrémy. Mais notre attaque générale tarda trop longtemps ; elle commença seulement après quatre heures du soir. Les troupes allemandes furent promptement délogées de tout le terrain jusque et y compris Servigny-lès-Sainte-Barbe. Si notre mouvement avait dû se limiter à une forte reconnaissance, il eut complètement atteint son but. La soirée du 31 fut toutefois remarquable par plus d'un côté. Elle constata un progrès évident dans la tactique du soldat français sans nuire à ses qualités natives. A force de voir les Prussiens à l'œuvre, il commençait à se garer particulièrement de leur stratégie des bois et de leurs masses supérieures en artillerie et en hommes. [2]

SEPTEMBRE

Le 1ᵉʳ, nos positions avancées furent perdues, faute de les avoir appuyées et de direction ; Bazaine s'était retiré la veille au soir. A

---

[1] On prêtait à Bazaine le projet d'enlever le plateau de Sainte-Barbe.

[2] Les bataillons confédérés n'étaient jamais lancés qu'après un feu effroyable et de longue durée d'artillerie, tellement leurs chefs avaient su s'inspirer du progrès du nouvel armement et comptaient sur le nombre et sur la supériorité en calibre de leurs pièces.

onze heures, l'armée n'ayant point réussi à attirer l'ennemi,[1] revint en arrière. Ce mouvement rétrograde parut l'effet d'une panique à la partie de la population messine qui s'était placée sur les remparts. Les cris douloureux qu'elle poussa à l'heure du rassemblement des troupes dans l'île de Chambière, furent le signal d'une mesure par trop rigoureuse qui l'affligea profondément. Des officiers de l'état-major lui enjoignirent brusquement de descendre et de se disperser. On connut la cause de cette retraite préméditée, quand on apprit le désastre de Sedan.

Un grand malheur est le souvenir néfaste de la première de ces journées, il résulta de la non poursuite de l'ennemi. Bazaine ne voulait pas mettre son armée en campagne et perdait, une deuxième fois, l'occasion de sauver immédiatement la France.[2]

[1] Il se tenait à distance de la portée des grosses pièces du fort Saint-Julien.

[2] L'armée de Mac-Mahon avec laquelle celle de Bazaine devait tenter d'opérer sa jonction à tout prix, s'était approchée par le nord. Elle eut la gloire de ne succomber qu'écrasée par les masses de troupes fraîches que l'étranger appela en toute hâte à son secours.

L'opinion généralement accréditée est que Bazaine ne voulut pas aller au devant de l'armée qui marchait sur Sedan, par haine de Mac-Mahon, et pour ne pas servir à un accroissement d'illustration pour celui qu'il appelait son rival.

Après Frœswiller, le duc de Magenta, avec les débris de son armée, les troupes des généraux Félix Douay et de Failly, et d'autres, s'était rallié à Chalons qu'il n'avait quitté que sur les instances impératives de Napoléon. [a] Il s'avançait, malgré lui, non pas dans l'ouest, vers Paris, mais au nord, sur Vouziers et Sedan, cherchant à filer le long de la frontière; et à faire sa jonction, si c'était possible, avec Bazaine pour fondre en masse sur le prince Frédéric-Charles. Ce plan était insensé. Mac-Mahon s'exposait ainsi à se faire couper de sa base d'opération. On jouait sur un coup de dés: en vain protesta-t-il. Il fallait, au contraire, viser à ce que la grande armée allemande pût être séparée en deux parties. Alors, tandis qu'on eut coupé celle du Prince royal, sur la route de Paris, celle du prince Frédéric-Charles eut été écrasée et ses restes eussent été forcés à la retraite sur l'Allemagne.

[a] L'Empereur, quoique s'étant démis officiellement de son commandement, prétendit imposer des ordres jusqu'à la fin (31 août).

Voici, en quels termes, le commandant en chef annonce à l'Empereur le résultat des deux combats du 31 août et du 1ᵉʳ septembre :

« Après une tentative de vive force, laquelle nous a amené à un combat qui a duré deux jours, dans les environs de Sainte-Barbe, nous sommes de nouveau dans le camp retranché de Metz avec peu de ressources en munitions d'artillerie de campagne, ni viande, ni biscuit, enfin un état sanitaire qui n'est pas parfait, la place étant encombrée de blessés. Malgré les nombreux combats, le moral de l'armée reste bon. Je continue à faire des efforts pour sortir de la situation dans laquelle nous sommes ; mais l'ennemi est très-nombreux autour de nous. Blessés et malades environ 18,000. »

Est mort au quartier de la division, rue de la Princerie, le général C.-P. Decaen, des suites de la blessure qu'il avait reçue le 14 août. Les honneurs militaires lui ont été rendus ; un bataillon de la garde nationale sédentaire assistait en armes à son convoi. Les maréchaux Bazaine, Canrobert et Lebœuf et le général Changarnier tenaient les cordons du poêle. Decaen, né à Utrecht le 30 octobre 1811, avait été appelé à la tête du 3ᵉ corps de l'armée devant Metz ; il commandait auparavant la 5ᵉ division militaire.[1] Il a été très-regretté.[2]

Le 2, par décision du général Coffinières, le timbre a été aboli, pendant la durée du siége, sur les journaux ne publiant pas d'annonces.

Le 3, à midi, a été célébré dans l'église de Queuleu, un service solennel pour le repos des âmes des français tués les 31 août et 1ᵉʳ septembre. Les régiments, qui comptaient des morts dans leurs rangs, envoyèrent une escouade assister à cette cérémonie digne et touchante.

---

[1] Yvon a reproduit, sur une de ses meilleures toiles, la scène mémorable du 2 septembre 1855, où ce vaillant chef, l'épée haute, conduisit son régiment le 7ᵉ de ligne, contre les Russes.

[2] On prête au général Decaen une appréciation fort sombre des événements qui n'a été que trop justifiée. Sa fin fut hâtée par la journée fatale du 26 août. Il s'enquit des faits lorsqu'il entendit les troupes rentrer, et stigmatisa aussitôt Bazaine.

A partir du 7, sur l'initiative des conférences de Saint-Vincent-de-Paul, tour-à-tour dans chacune des paroisses de Metz, une messe basse a été dite pour les militaires tués à l'ennemi ou ayant succombé à leurs blessures.

On a aussi demandé : 1° que, chaque jour, dans chacune des paroisses, ou tout au moins à la cathédrale, il soit dit une messe de REQUIEM pour les pauvres soldats enterrés ce jour-là dans la fosse commune [1] ; — 2° qu'en face d'évènements si tristes, de tant de morts héroïques et ignorées, on cesse de faire sonner les cloches pour les enterrements civils [2].

Les facilités de la vie matérielle ont commencé à subir de sérieuses atteintes, faute d'avoir pris encore les mesures nécessaires pour que les vivres fussent rationnés.

On a eu indirectement, par des journaux trouvés sur des prisonniers, des nouvelles permettant de bien augurer de la tranquillité de Paris. Malheureusement, elles étaient très-succinctes.

Le 8, l'ouverture des portes de Metz a été rétablie de cinq heures du matin à sept heures du soir.

Le 9, à la nuit, par un temps affreux, les Prussiens ont ouvert et continué sur la ville et sur les forts à la fois, pendant plus d'une heure, une canonnade très-forte, [3] à laquelle nos artilleurs ont

---

[1] Cette fosse a été creusée à la suite du cimetière Chambière ; les cadavres y ont été profondément enfouis et recouverts d'une épaisse couche de chaux vive.

[2] La lettre, contenant ces demandes, était terminée par ces remarques judicieuses : « N'est-ce pas un contraste navrant de voir un simple bourgeois attrister tout le monde parce qu'il a le moyen de payer un sonneur, quand tant de martyrs meurent pour la patrie et n'ont pas même un cercueil ? — Que le luxe se déplace dans l'église, puisqu'on en veut, mais qu'on se contente de prodiguer d'affreuses draperies, et qu'on ne fatigue pas les masses et les mourants par ces tristes sonneries. »

[3] Ce simulacre avait pour but, — on le sut dans la suite, — de persuader aux prisonniers de Sedan qui passaient non loin de nos murs, à cette heure, que le bombardement de Metz était ouvert.

répondu avec non moins de vivacité. Des boulets et des obus sont parvenus jusque près de nos camps.

Bloqués, entourés de toutes parts, leur banlieue maraichère saccagée [1], les habitants de Metz sont restés calmes, prêts aux derniers sacrifices en face de l'étranger que tout favorisait.

Le 10, réquisition a été faite de livrer à l'administration de la guerre, les denrées fourragères contre paiement comptant. Les propriétaires n'ont pu conserver que la quantité nécessaire pendant trente jours.

La bibliothèque et les musées de la ville devant rester constamment ouverts, pendant la durée du blocus, aux militaires convalescents, en vertu d'une décision du maire, la *Société d'Histoire et d'Archéologie*, s'inspirant de cette pensée, a annoncé une séance le jeudi de chaque semaine, à trois heures, dans la salle de lecture. Elle a invité spécialement les officiers et les soldats blessés à ces réunions qui ont été au nombre de six, et dans lesquelles ont été traités particulièrement les *blocus et sièges supportés par Metz, par Longwy et Thionville, à différentes époques ; — l'histoire des villages dont les territoires ont été le théâtre des batailles récentes, etc.*

Par ordre, les épreuves des journaux de Metz ont dû être soumises préalablement à la publication, au commandant supérieur de la place [2].

En conséquence des événements accomplis à Paris et que nous annonçaient les feuilles allemandes [3], le tout confirmé par les récits

---

[1] Les campagnes étaient dévastées bien au-delà. Les dégâts sur tous nos environs s'augmentaient de jour en jour sous les pieds et à raison des besoins des soldats et des chevaux.

[2] La censure de Coffinières, hostile au gouvernement de la défense nationale, prit un soin extrême de raturer impitoyablement tous les articles qui lui étaient favorables.

De son côté, le préfet impérial réunit les journalistes de la ville et leur interdit expressément toute appréciation.

[3] Elles arrivaient en cet instant à Metz, à profusion.

de prisonniers faits à Sedan, qui nous étaient rendus pour compléter un échange ayant eu lieu précédemment, la proclamation ci-dessous a été adressée, le 13, aux habitants de Metz :

« On a lu dans un journal allemand, la *Gazette de la Croix*, les nouvelles les plus tristes sur le sort d'une armée française écrasée par le nombre de ses adversaires sous les murs de Sedan, après trois jours d'une lutte inégale. Ce journal annonce également l'établissement d'un nouveau gouvernement par les représentants du pays. Nous n'avons pas d'autres renseignements sur ces événements, mais nous ne pouvons pas non plus les démentir.

« Dans des circonstances aussi graves, notre unique pensée doit-être pour la France ; notre devoir à nous, simples citoyens ou fonctionnaires, est de rester à notre poste, et de concourir ensemble à la défense de la ville de Metz. En ce moment solennel, la France, la Patrie, ce nom qui résume tous nos sentiments, toutes nos affections, est à Metz, dans cette Cité qui a tant de fois résisté aux efforts des ennemis du pays.

« Votre patriotisme, ce dévouement dont vous donnez déjà tant de preuves par votre empressement à recueillir et à soigner les blessés de l'armée, ne peuvent faire défaut. Vous saurez vous faire honorer et respecter de vos ennemis par votre résistance ; vous avez d'ailleurs d'illustres souvenirs qui vous soutiendront dans cette lutte énergique.

« L'armée qui est sous nos murs, et qui a déjà fait connaître sa valeur et son héroïsme dans les combats de Borny, de Gravelotte, de Servigny, ne nous quittera pas, [1] elle résistera avec nous aux ennemis qui nous entourent, et cette résistance donnera au gouvernement le temps de créer les moyens de sauver la France, de sauver notre Patrie. »

Cette proclamation était signée par le général de division Coffinières, le préfet du département de la Moselle et le maire de Metz.

Enfin ! Le 15, au soir, l'énergie d'un brigadier du train du génie, parvenu à s'échapper d'Ars-sur-Moselle, où il était prisonnier, nous a mis en possession d'un journal de Paris : un exemplaire du numéro du 10 septembre 1870 du *Volontaire*, donnant le mot de la situation. On a ainsi connu le texte du décret, daté de l'hôtel-

---

[1] Une pareille nouvelle n'était point de nature à rassurer les habitants qui se demandaient pour quel motif restait l'armée dont le rôle actif importait tant à la délivrance prochaine de la France ? Le maréchal Bazaine achevait ainsi de perdre la confiance et l'estime de la population messine de même qu'il avait cessé déjà d'être le chef respecté de ses troupes.

de-ville de Paris du 8 septembre, du gouvernement de la défense nationale au Peuple français, convoquant ses colléges électoraux pour le dimanche 16 octobre suivant, à l'effet d'élire une Assemblée constituante de 750 membres, et la circulaire du ministre des affaires étrangères, M. Jules Favre, aux agents diplomatiques, les informant de « l'enregistrement de la déchéance de Napoléon III et de sa
» dynastie, au nom du droit, de la justice et du salut public » [1].

L'accueil fait à ces documents officiels par notre population, a montré à l'ennemi que, chez les Français, tout défenseur se double d'un citoyen et que la force ne leur fait point perdre de vue le droit [2].

Au sujet des événements de Sedan et de Paris, le maréchal Bazaine adressa l'ordre du jour suivant à l'*Armée du Rhin:*

« D'après deux journaux français du 7 et du 10 septembre 1870, apportés au grand quartier général par un prisonnier français qui a pu franchir les lignes ennemies, Sa Majesté l'Empereur Napoléon III aurait été interné en Allemagne après la bataille de Sedan, et l'Impératrice ainsi que le Prince impérial ayant quitté Paris le 4 septembre, un pouvoir exécutif, sous le titre de gouvernement de la défense nationale, s'est constitué à Paris.

« Généraux, officiers et soldats de l'armée du Rhin, nos obligations militaires envers la Patrie restent les mêmes. Continuons donc à la servir avec le même dévouement et la même énergie en défendant son territoire contre l'étranger, l'ordre social contre les mauvaises passions.

« Je suis convaincu que votre moral, ainsi que vous en avez déjà donné

---

[1] Ce jugement était de toute équité. Le second Empire avait comme atrophié la France, par les scandales, la corruption et l'hypocrisie de l'homme qui s'était imposé au pays par la violation de ses serments. Il avait mis le comble à toutes ses fautes, en précipitant la Nation dans une guerre follement résolue, ineptement conduite, et, en terminant sa funeste existence à Sedan, il n'avait laissé lui survivre qu'un souvenir de honte et de douleur.

L'Histoire dira que l'héritage du dernier Bonaparte a été, pour la France, vingt milliards de dettes et le fléau de l'invasion ! Ce césar sexagénaire a lâché ignominieusement les débris d'une couronne profanée ; mais il a gardé pour sa part deux cents millions d'économie.

[2] Le gouvernement nouveau a déclaré qu'il n'avait d'autre désir que sauver l'honneur du pays, organiser la défense, maintenir l'ordre et rétablir la paix.

tant de preuves, restera à la hauteur de toutes les circonstances et que vous ajouterez de nouveaux titres à la reconnaissance et à l'admiration de la France. »

On a prétendu que Bazaine, après la catastrophe de Napoléon III, eut été disposé à se rallier à la République, s'il eut vu pour lui la possibilité d'arriver à la première place. Cette appréhension a une certaine vraisemblance, lorsqu'on réfléchit aux lenteurs de cet ambitieux à se prononcer relativement aux faits accomplis. La haute position, que la situation périlleuse de la patrie avait faite à l'honnête général Trochu, porta ombrage à l'ancien lieutenant de Bonaparte.

Un arrêté préfectoral avait annoncé l'ouverture de la chasse, tant en bois qu'en plaine; sur l'ordre du général Coffinières, il a été presque aussitôt rapporté à raison des méprises que pouvaient causer les coups de fusil tirés dans les lignes.

Des citoyens dévoués ont offert une forte récompense pour faire passer des exprès; mais leur zèle n'a point été encouragé par le maréchal Bazaine. Loin de là. Il avait, d'ailleurs, ses émissaires. Aux sollicitations pressantes qui lui étaient adressées, il se contenta de répondre qu'il venait d'écrire au Gouvernement de la défense nationale, une dépêche ainsi conçue, en triple expédition :

« Il est urgent pour l'armée de savoir ce qui se passe à Paris et en
« France. Nous n'avons aucune communication avec l'intérieur, et les bruits
« les plus étranges sont répandus par les prisonniers que nous a rendus
« l'ennemi qui en propage également de nature alarmante. Il est important
« pour nous de recevoir des instructions et des nouvelles. — Nous sommes
« entourés par des forces considérables que nous avons vainement essayé de
« percer les 31 août et 1er septembre. » [1]

On eut recours alors aux correspondances aérostatiques. Des

---

[1] Une personne des plus honorables de notre connaissance et officier supérieur d'état-major en retraite, fit part de son projet de se dévouer et de traverser les lignes ennemies, à ses risques et frais. Elle se présenta au quartier général, fut éconduite et revint rendre compte de sa démarche au vénéré chef de l'Administration municipale qui lui avait délivré, en notre présence, les certificats les plus satisfaisants.

ballons contenant des missives personnelles, écrites sur papier pelure d'oignon, [1] ont été lancés sur différents points, à plusieurs reprises [2].

Dès les premiers jours de ce mois, les bruits relatifs au manque prochain de vivres et à la quantité relativement restreinte d'approvisionnements de munitions de guerre, avaient pris, des proportions inquiétantes. Le 13 seulement, le conseil municipal fut convoqué pour s'occuper de la question alimentaire.

Quant au moyen de suppléer à l'insuffisance des projectiles de campagne, deux estimables citoyens s'étaient entendus et avaient fait, dès le 6, l'offre formelle au général commandant supérieur de l'arsenal, de mettre à sa disposition, l'un, des ateliers propres à la fabrication de ces projectiles, l'autre, en sa qualité d'ingénieur, son expérience de cette fabrication. L'offre fut écartée ; on avait déjà passé, dit-on, un traité avec un industriel, et une commande importante devait être très-prochainement livrée [3].

[1] Il était prudent que les nouvelles privées seules fussent admises. Mais pourquoi avoir refusé la construction d'autres ballons qui eussent été exclusivement réservés au service public ?

[2] Le 29 septembre, un ballon emporté par le vent d'est, exportait deux pigeons voyageurs et 32,000 billets. Sur l'enveloppe était écrit : « Prière à la personne qui trouvera ce paquet, de le déposer dans le bureau de poste le plus rapproché ou de le remettre au maire de la commune la plus voisine, et d'en demander un reçu en échange duquel 100 francs lui seront accordés à titre de récompense. »

Le 15 octobre, on eut la certitude que les lettres que renfermaient les ballons partis de Metz les 21, 22 et 23 septembre étaient arrivées à leur destination. Des réponses à plusieurs de ces lettres furent apportées par des parlementaires.

[3] La vérité est que le contrat ne reçut jamais un commencement d'exécution, et, qu'après un mois d'attente, l'industriel avec lequel l'autorité militaire avait traité, vint lui-même avouer son impuissance à fabriquer les projectiles. Cette révélation ne causa aucune émotion, il paraît du moins ; car alors on ne songea point à avoir recours à celui qui offrait toute garantie, éprouvée. L'accusation lancée contre Bazaine par la rumeur publique, que le maréchal ne voulait point qu'il y eut des projectiles de campagne en suffisance, était donc justifiée.

Le 15, dans l'après-midi, fut placardé sur les murs, l'arrêté ci-après transcrit, concernant les denrées alimentaires de première néccessité :

« Le général de division, commandant supérieur de la place de Metz, en vertu des pouvoirs qui lui sont conférés, et, après avoir pris l'avis du conseil municipal, arrête ce qui suit :

« Il sera fait immédiatement un recensement des blés, farines qui existent dans la ville. Ces denrées sont mises en réquisition pour l'alimentation de la population, et par les soins de l'administration municipale.

« Les blés seront payés à raison de 36 francs les cent kilogrammes pour les qualités loyales et marchandes ; les farines seront payées de 48 à 50 francs les cent kilogrammes, suivant la qualité.

« Les détenteurs de blé qui, en vue de l'avenir, préféreraient recevoir en nature, après la levée du blocus, les quantités égales à celles qu'ils auront livrées, recevront un reçu mentionnant la qualité de ces blés. Cette restitution se fera dans le mois qui suivra la levée du blocus.

« Les meuniers de la ville seront tenus de moudre ces blés selon les besoins de la consommation et de vendre les farines en provenant, à un prix qui ne pourra pas excéder 48 francs les cent kilogrammes, ce prix comprend les frais d'enlèvement chez le vendeur, de transport chez le boulanger, et d'avance de fonds.

« Il n'y aura qu'une seule qualité de farine, dite première et seconde.

« Le pain en provenant sera payé 48 centimes le kilogramme.

« La viande de cheval [1] sera payée aux prix ci-après : parties basses, 60 centimes le kilogramme ; parties moyennes, 1 franc le kilog. ; viande de choix, (le filet excepté) 1 franc 50 centimes le kilogramme. » [2]

La place de Metz est tombée dans l'expectative la plus complète. Toutefois, on ne cessait pas de multiplier les ouvrages défensifs, la plupart se reliant aux forts s'étendant au-delà. Des tranchées-abris et des épaulements de terre protégés par des batteries de pièces de tous les calibres, même par des mitrailleuses, ont été

---

[1] Elle était devenue la grande ressource de la population civile et de l'armée campée sous Metz.

[2] Le 25, ces prix ont pu être abaissés très-sensiblement, attendu le nombre considérable de chevaux à abattre.

Trois distributions de viande de cheval ont été faites, chaque semaine, aux pauvres.

— 31 —

établis au travers des propriétés de Montigny, du Sablon, des Plantières-Queuleu, de Devant-lès-Ponts, etc.

En ville, par précaution [1], des pompes pour combattre l'incendie étaient installées devant l'hôtel municipal, et des barils pleins d'eau étaient placés à leur portée. Il en a été de même dans le voisinage des autres principaux édifices publics.

Cependant l'assiégeant n'avait point reçu de parc de siége et ses lignes les plus avancées se trouvaient encore à une grande distance des forts extérieurs.

Au 18, l'armée autour de Metz avait contribué considérablement à accroître les privations qui étaient imposées aux habitants, et, par son séjour prolongé sur place, elle avait complété la dévastation des communes suburbaines. Tout se ressentait alors grandement de l'imprévoyance coupable du commandement.

Il nous souvient d'avoir entendu des officiers, et, parmi eux, deux officiers supérieurs, soupçonner déjà de tortueuses les actions, les manœuvres de Son Exc. le maréchal, démontrer même, des cris de rage dans la voix, que Bazaine trahissait pour favoriser le rôle politique qu'il rêvait.

Hélas! la seule chose que les cœurs droits ne pouvaient prévoir encore, en présence de nos infortunes, c'était la trahison que la Providence réservait comme dernier châtiment de notre orgueil et de notre décrépitude morale!

Nous avons eu en communication le numéro du *Figaro*, journal parisien du 18, et l'*Indépendance belge* du 20. Leur lecture a rasséréné bien des esprits.

On a réussi à faire entrer au camp des approvisionnements en fourrages. [2] Les 22 et 23, une canonnade étourdissante a été

---

[1] Des paroles du général Coffinières laissaient craindre un bombardement prochain.

[2] La principale localité d'où ils furent tirés, a été Lauvallières. On avait su que ce village contenait de la paille et des fourrages en abondance, par un courageux habitant qui était parvenu à pénétrer dans Metz.
Nos troupes firent aussi une excursion à Vany et à Chieulles.

échangée : des obus prussiens sont tombés sur le fort Saint-Julien ; d'autres projectiles pleuvaient sur le terrain de l'ancien parc de Grimont. Les francs-tireurs postés au château et dans les bâtiments de la ferme y attenant, fournissaient aussi leur contingent aux grand'gardes et parmi les éclaireurs : l'un d'eux a reçu la mort des braves, un autre a été blessé.

Le salut pour notre ville, c'était la vie matérielle. Non-seulement, après avoir gaspillé les ressources, on s'était rationné tardivement ; mais encore, au lieu d'aider à ramener dans ses murs les denrées qui se trouvaient sur les greniers des fermes entre nos postes et les lignes prussiennes, on avait découragé ceux qui voulaient le faire.

Le 24, le maréchal Bazaine, gêné par l'allure franche du général Bourbaki, ancien chef de la 5e division militaire et commandant l'ex-garde, trouvait moyen de le dépêcher en mission politique, auprès de l'ex-impératrice, en Angleterre. [1]

Le 25, voici quels étaient les prix de quelques denrées essentielles, dans l'intérieur de Metz : les pommes de terre se vendaient 90 fr. les 100 kilogrammes ; le demi-kilogramme de viande de boucherie atteignait 5 et 6 fr. ; — de lard, 6 fr.; — de beurre fondu, 10 fr.; — de saindoux, 7 et 8 fr.; — de beurre frais, 18 et 20 fr.; les œufs valaient 5 fr. la douzaine ; une maigre poule avait des amateurs à 14 fr. ; un lapin de 3 kilogr., à 15 fr. et même au-delà. Il n'y avait presque plus d'épices, ou du moins on le disait. L'argent ne manquait point à l'armée, à cause de l'abondance du numéraire envoyé à Metz en vue des besoins de la guerre. C'est ce qui a beaucoup contribué à élever le prix de certaines denrées, telles que le café, les liqueurs, etc.

Le sel commençait à faire défaut. Une source d'eau salée ayant été retrouvée près de Belle-Croix, à l'emplacement d'une tannerie au bas de Saint-Julien, la population, l'armée et la garnison ont

---

[1] Bourbaki fut indignement trompé et ne put revenir devant Metz. Il alla alors noblement offrir son épée au gouvernement de la défense nationale.

pu s'y approvisionner en se conformant à des heures règlementairement fixées [1].

Un ordre militaire a informé que tout individu qui serait surpris en flagrant délit de revente de pain, serait amené devant le commissaire central et déposé au poste de police, en outre de la saisie du pain.

Dans la nuit du 24 au 25, une aurore boréale a été signalée sur Metz : sa lueur rouge et intense embrasait le ciel ; des aigrettes s'étalaient à l'horizon en lignes droites d'un jaune d'or ; de temps à autre se détachaient des étoiles filantes. Le phénomène a duré jusqu'au matin.

Le vin de la récolte 1870 étant nuisible à la santé, par suite du défaut de maturité des raisins vendangés [2], il a été expressément interdit de vendre le vin nouveau en détail.

La guerre marquait de plus en plus son empreinte autour de nous. Malgré l'accroissement des privations et des sacrifices de toute nature, les habitants *originaires de Metz* persévéraient à montrer que le premier des devoirs est l'exemple, sachant bien d'ailleurs que la France n'a pas été vaincue, qu'elle a été seulement surprise, et que sa conservation importe toujours au progrès de la vraie civilisation [3]. Ce sentiment se traduisit par une pétition adressée au maire et

---

[1] Les analyses faites par plusieurs chimistes ont indiqué un résidu de 3 grammes 81 centigrammes de sel par litre, dont 3 grammes 34 centigrammes de chlorure de sodium, 0,28 de sulfate de chaux et 0,19 de sulfate de soude. Il y a eu là une ressource très-précieuse en sel, surtout en le concentrant par l'ébullition.

[2] Dans les localités où l'on avait pu la faire.

[3] Victor Hugo, dans son appel aux Allemands, a saisi fort bien, en ces termes, la situation :

« . . Vous avez des généraux rusés et habiles . . . Vous avez fait la
« guerre adroite plutôt que la guerre éclatante ; vos généraux ont préféré
« l'utile au grand, c'était leur droit ; vous nous avez pris par surprise. . . »

remise aussitôt au maréchal Bazaine qui en avait déjà eu connaissance.[1] Elle mérite d'être reproduite entièrement ici[2] :

« Monsieur le Maire,

« Nous avons accueilli avec gratitude l'expression de patriotique confiance
« que vous mettez en nous ; c'est pour y répondre que nous oserons
« aujourd'hui appeler votre attention sur la situation de notre ville. Il vous
« sera permis à vous, le représentant naturel et respecté d'une vieille cité
« qui veut rester française, de faire, à cette occasion, telle démarche que vous
« jugerez nécessaire, et de parler avec la simplicité et la franchise que
« commandent les circonstances.
« Il ne nous appartient pas de rappeler tout ce qu'a fait notre ville depuis
« le début de la guerre. Ce n'est point d'ailleurs pour marchander son
« concours que nous le rappellerions ici. Nous avons confiance que son
« patriotisme croîtra, en raison même des épreuves qui peuvent nous
« attendre encore. Mais il est des difficultés qu'il est bon de prévoir, puisque
« le temps ne fait que les accuser, et que, dans une certaine mesure, nous
« pensons qu'on peut y pourvoir. Nous croyons que l'armée rassemblée
« sous nos murs est capable de grandes choses, mais nous croyons aussi qu'il
« est temps qu'elle les fasse. Chaque jour qui s'écoule amènera pour elle et
« pour nous des difficultés nouvelles.
« Faute de nourriture, nos chevaux réduits à l'impuissance, paralyseront
« peu à peu ses mouvements et disparaîtront bientôt. Le froid, la pluie
« peuvent aussi revenir entraver toute opération et amener un cortège de
« maladies plus redoutables peut-être que les blessures. Avec le temps aussi
« et malgré la plus sage réglementation de nos vivres, la faim, mauvaise
« conseillère, peut égarer les esprits peu éclairés dans la ville et dans les
« camps, et amener des conflits terribles qu'un patriotisme supérieur a seul
« pouvoir de conjurer.
« Nous croyons donc qu'il est temps d'agir, parce que l'insuccès lui-même
« vaut mieux que l'inaction ; parce que tous les moments sont comptés ;
« parce que sans pouvoir discuter ni même indiquer des opérations militaires,
« le simple bon sens nous montre clairement que des entreprises énergiquement

---

[1] Elle avait circulé publiquement pour recevoir les signatures des citoyens qui avaient demandé à y adhérer.

[2] Ce document restera comme le témoignage authentique d'une des nombreuses tentatives dues à l'initiative individuelle de la population et qui tendaient à faire sortir le commandant en chef d'une inaction de jour en jour plus désastreuse.

« et rapidement conduites avec l'ensemble des forces dont on dispose,
« peuvent amener des résultats considérables, peut-être décisifs. Laisserons-
« nous venir le jour, où, après avoir fermé les yeux, il faudra reconnaître
« que les retards nous ont été funestes ? Certes, toute tentative est périlleuse,
« mais avec le temps, le péril sera-t-il moindre ? Quels secours attendons-
« nous d'ailleurs ?

« Est-ce là question politique qui se mêle à tort à la question militaire et
« qui commande ces lenteurs ? Dira-t-on que c'est à Paris que notre sort
« doit se décider ?

« Vous ne le pensez pas, Monsieur le Maire, et avec toute l'énergie que
« vous donne une autorité que vous tenez de tous, vous direz comme nous,
« que c'est à Metz, avec les ressources existant à Metz et sous Metz, que se
« règleront les destinées de notre ville. Pour celles de la France, il ne nous
« appartient pas, il n'appartient à personne, ni à un parti, ni à un homme,
» de les régler en secret. C'est au grand jour et pacifiquement que le scrutin
» auquel nous avons été conviés, pourra seul en décider. D'ici là quelle plus
» noble ambition que celle de sauver notre pays, de prêter la main aux luttes
« grandioses que soutient notre capitale et d'imiter l'héroïsme de Strasbourg ?

« Nous avons confiance que toute démarche tentée par vous répondra à des
» conseils formés dans le silence, et que s'inspirant de la grandeur d'une
« situation peut-être unique dans l'histoire, le commandement aura cette
« autorité et cette décision qui s'imposent et qui produisent des victoires.

« Qu'on pardonne donc, s'il en est besoin, à la franchise de notre langage.
« Il n'y a dans notre pensée ni désir déplacé d'ingérence ni récrimination.
« Il n'y a pas surtout le désir de froisser aucun des sentiments qui
« méritent le respect, et qui en ce moment doivent nous rapprocher tous.
« C'est parce que nous voulons que l'armée et la population soient entièrement
« unies, c'est parce que nous croyons que cette union peut amener de
« grandes choses que nous vous adressons cet appel.

« Il nous a semblé que nous avions le devoir d'élever notre voix par ce
« qu'elle vous apporte dans sa sincérité le reflet des passions qui agitent
« notre population, celle de notre responsabilité et d'un patriotisme résolu à
« tous les sacrifices. Si dures que soient les exigences de la situation, vous
« savez bien, Monsieur le Maire, que notre ville les supportera, et vous avez le
« droit de le dire, puisqu'elle ne veut pas être la rançon de la paix, et que,
« après le long passé d'honneur qu'elle trouve dans ses Annales, elle ne veut
« pas déchoir. »

Quoique cette pétition fût signée par une foule de noms honorablement connus [1] et fût portée par le maire, [2] le maréchal

---

[1] Environ 800.

[2] Le 30, dans l'après-midi.

Bazaine répondit d'une façon aléatoire.[1] Il abusa de la phrase caractérisque : *Nous croyons que l'armée de Metz est capable de grandes choses, mais nous croyons qu'il est temps qu'elle les fasse,* pour faire mal accueillir, mal comprendre même les sentiments des habitants de Metz à l'égard de l'armée. Les signataires n'avaient pas la prétention d'intervenir dans la décision du commandant en chef comme autorité seule responsable auprès de ceux imbus de l'esprit de discipline; mais ils voulaient dégager leur responsabilité de citoyens dans une circonstance où les destinées de la France étaient en jeu.

Le 27, les murmures de l'armée ennuyée de l'immobilité qu'on faisait peser sur elle, ont contraint à diriger des attaques sur différents points. Sur la rive droite de la Moselle, Mercy-le-Haut, — position que nous n'aurions jamais dû évacuer, — et le village de Peltre, — principal centre de ravitaillement de l'ennemi, — ont été abordés et emportés avec la plus grande vigueur. Délogés de Colombey, les Prussiens, qui l'occupaient, se sont retirés en incendiant le bois de Borny. Sur la rive gauche, nos soldats ont enlevé le bois de Woippy, la ferme de Sainte-Agathe et le château de Ladonchamps. Ces divers engagements ont donné aussi quelque satisfaction à l'opinion publique; par malheur, nos officiers avaient ordre de ne pas conserver les positions. On ramenait plus de 600 prisonniers, quelques voitures de fourrages, des grains, des pommes de terre, des bêtes à cornes, des porcs, des moutons et des chèvres.[2] Mais

---

[1] Son premier mouvement fut d'arrêter l'exhibition de l'Adresse et de faire savoir au représentant de la Cité, que le campement n'était pas de son choix; qu'il lui avait été assigné, avec déclaration que l'on considérerait son abandon comme compromettant pour la dynastie.

[2] Un espion a encore été saisi. Au moment où nos soldats se montraient à Crépy, il crie : « Aux armes! les Français! » Il venait de servir aux nôtres de l'eau-de-vie. Aussitôt qu'il avait connu leur mouvement, il s'était empressé de prendre un sentier détourné et avait fait rebrousser chemin à un train de marchandises allemand et à un troupeau de 200 bœufs qui, sans lui, eussent été capturés.

Le 4 octobre 1870, cet homme a été condamné à mort par le conseil de guerre séant à Montigny-lès-Metz.

nous abandonnions le plus fort des ressources qui se trouvaient là. Aussi les Prussiens, qui surveillaient de loin notre rentrée, s'empressèrent de semer l'incendie. Les châteaux de Mercy, de Crépy, de Colombey, les maisons de Jury, les fermes de la Grange-aux-Bois, de Colombey, de Ladonchamps et plusieurs bâtiments des Maxes ont été complètement détruits par le feu. [1] Nos pertes ont été de 21 tués dont 2 officiers et 318 blessés plus 9 officiers.

Le soir du 27, les Allemands sont revenus à Peltre, et, après avoir chassé les habitants, ont brûlé ce village : quelques maisons et l'église seulement sont demeurées debout. Pour activer le feu, ils employèrent le pétrole. Le lendemain et le 30, les habitations restées furent abimées en partie.

Les 27 et 29, les Maxes, à l'exception de l'église, ont été entièrement réduites en cendres. [2]

Le 28, l'ennemi a encore cherché à incendier la ferme des Petites Tapes et a brûlé la ferme de Franclonchamps et le hameau de Saint-Remy, à peu de distance de Maizières.

Le même jour, le fort Saint-Quentin a démonté une batterie prussienne établie à la ferme de la Maison-Rouge, sur la gauche de Moulins.

A cette date, le général Coffinières, visant des dispositions précédentes, prit un nouvel arrêté suspendant jusqu'au 15 octobre suivant, tous protêts et actes conservant les recours pour toutes valeurs négociables souscrites avant le 13 août 1870. En conséquence les délais de recours n'ont dû partir que du 20 octobre. [3]

[1] Quelques-uns de ces incendies furent la conséquence de l'attaque dirigée contre ceux qui s'étaient retranchés dans les bâtiments fortifiés pour la circonstance.

[2] On n'a pas compris qu'après avoir été en possession des Maxes, le maréchal Bazaine ne les fit point occuper au moins jusqu'à ce que les immenses approvisionnements qui s'y trouvaient, eussent été ramenés à Metz.
N'était-ce pas manquer le but de semblables expéditions ?

[3] Ces délais ont été prorogés aux 31 octobre, 6 et 30 novembre 1870.

Une souscription a été ouverte à la mairie, pour soulager les misères causées par l'état de siège ; la répartition des sommes à recueillir a été confiée aux administrateurs du bureau de bienfaisance. L'armée a largement coopéré à cette bienfaisante souscription, par des dons en argent.

Les Prussiens prétendaient nous tenir désormais enfermés dans notre forteresse et nous y affamer à bref délai.

Leurs émissaires faisaient usage de tous les moyens propices. Entres autres ruses découvertes, une bouteille bien fermée, contenant un papier sur lequel avaient été tracées quelques lignes, fut aperçue flottante sur la Moselle, près de la Cornue-Géline. On l'amena immédiatement à bord. Il a été reconnu que l'écrit en langue allemande notait des renseignements précis sur la situation actuelle de Metz et sur le *quantùm* de la plupart des munitions de guerre.

Des réclamations énergiques ont été faites auprès de l'autorité supérieure militaire, de la part des gardes nationaux et d'autres habitants de Metz, principalement au sujet de l'occupation du poste de l'hôtel communal par la troupe de ligne, [1] de la situation inactive maintenue à l'armée campée sous les murs de la ville, et des causes insolites du renchérissement des denrées alimentaires les plus indispensables... Le commandant en chef se tenait comme blotti dans son quartier général, au Ban-Saint-Martin, ayant l'irritation des Messins et le mépris des soldats pour geôliers. Les

---

[1] N'était-il pas anormal que les gardes nationaux fussent aux remparts, où on les avait placés, sans aucune espèce d'abri, et que la troupe de ligne fût seule à l'hôtel de ville ? La garde nationale sédentaire n'a été mise en possession de ce poste qui, cependant, lui appartenait tout d'abord, que le 3 octobre.

On ne tarda point à commettre à son égard, un nouvel acte vexatoire, en prescrivant de dresser un état de solde sur lequel figureraient seulement les noms des citoyens à qui une indemnité, par garde, serait jugée nécessaire.

Le maire lui même, annonçant au Conseil municipal que cette indemnité était fixée à 1 fr. 50 cent. par décision du maréchal Bazaine, crut devoir exprimer le regret que le principe d'égalité, entre les gardes nationaux, n'eût pas été sauvegardé.

actes de la part d'initiateurs généreux, que le maréchal ne pouvait interdire, il les gênait, ou bien il froissait leurs auteurs.

En face des imbécillités et des faiblesses dont nous avons eu le triste spectacle, bien des esprits sagaces se sont conduits avec honneur jusqu'aux derniers jours de ces horribles épreuves. Dès la fin de ce mois, une conspiration s'était formée pour forcer Bazaine à marcher ou pour le déposer. Si un chef, — dont le nom et l'ancienneté eussent pu rallier l'armée, — avait voulu prendre la responsabilité d'arrêter les commandants supérieurs en faute, l'armée et la France étaient sauvées du même coup . . . . .

Le général Coffinières, par son attitude, se rapprochait de son chef, qui le flattait . . . Au lieu de s'inspirer des nécessités impérieuses de la situation et d'administrer sagement une brave et honnête population, le commandant bonapartiste de Metz suivait l'exemple de Bazaine, dans l'espérance d'une restauration impossible de l'homme à qui nous devons tous nos malheurs.

Il baillonnait la presse et biffait à sa guise tous passages de journal ou de correspondance qu'il supposait devoir être désagréables au maréchal. La censure ne fit qu'augmenter au fur et à mesure que se dessina plus clairement la complicité des deux chefs.

Incrédule d'abord,[1] c'est à l'évidence, c'est aux témoignages les plus authentiques, aux sources les plus certaines, aux preuves les plus convaincantes, que force nous a été de céder. Ceux qui avaient cette conviction, dès le début de la guerre, avaient quelque raison d'y persévérer; car si l'on voulait trahir la France, certes on ne saurait mieux agir que dans la campagne de 1870.

Metz *l'inviolée*, devenue la victime d'une honteuse dynastie et de ses créatures, conserve le devoir de stigmatiser en termes ineffaçables les trames ourdies, dans l'ombre, par ceux sur la tête desquels pèsent à jamais les causes de la navrante chûte de la fière cité, mère chérie du maréchal Fabert.

---

[1] Dans ces moments d'agitation, nous nous étions tenu en garde contre le sentiment qui entraîne parfois, sinon le plus souvent, les populations à devenir défiantes et mêmes injustes.

OCTOBRE

Les engagements d'avant-postes autour de Metz ont paru prendre un caractère plus sérieux. C'était pour sauver les apparences, et pour rien d'autre. Car si un jour tel ou tel avantage nous permettait de croire qu'on avait fait un pas pour arriver à percer les lignes prussiennes, le lendemain ou à peine quelques jours plus tard, se produisait une désillusion complète.

Cependant, le 1er, l'ennemi dut abandonner le châlet et la sapinière de Lessy ; [1] le 2, il fut définitivement expulsé du château de Ladonchamps [2] qu'il était revenu occuper en toute précipitation après notre départ [3] et d'où un conseil d'officiers supérieurs examinait chaque matin nos positions. [4] Force lui fut aussi de

---

[1] Les sapeurs du génie s'étaient munis de haches et de scies pour abattre les arbres verts à la lisière du bois de Châtel. L'ennemi ayant relié ces arbres par des gros fils de fer entrelacés *a* qui rendaient la marche d'une troupe extrêmement périlleuse, et faisant un feu des plus nourris, il a été impossible de pouvoir avancer.

[2] L'étranger au milieu de sa formidable artillerie, avait des canons postiches. C'est ainsi qu'à l'enlèvement de Ladonchamps, le 25e régiment de ligne s'aperçut avec surprise qu'une batterie qu'on semblait redouter, n'était composée que de longs tuyaux de poële posés sur des avant-trains de charrue. *b*

[3] Nos soldats avaient reçu ordre encore le 27 septembre, de se retirer sur la Maison-Rouge, annexe de Woippy, aux abords de laquelle existaient des trous de loups, des fossés des abris-épaulements et des batteries.

[4] Le 1er octobre, au matin, deux mitrailleuses, pointées sur un groupe de ces officiers, avaient jeté la confusion et la mort parmi eux.

a A la plupart de leurs avant-postes, les Prussiens avaient élevé des fils de fer à 25 centimètres environ au-dessus du sol, se reliant à des piquets placés de distance en distance. Outre qu'ils servaient d'obstacle à nos éclaireurs, ils avaient pour objet d'avertir de leur approche, au moyen d'autres fils semblables qui correspondaient avec les sentinelles, et qui, étant chargés, donnaient l'alarme aussitôt qu'ils étaient touchés.

b La ferme de Sainte-Agathe fut enlevée en même temps que Ladonchamps.

quitter les Maxes.[1] Ces points ont été mis immédiatement en état de défense et gardés cette fois.

Dans la soirée du 1ᵉʳ, les Allemands ayant opéré un retour offensif sur Lessy, on leur fit près de 300 prisonniers.

Le 2 encore, il y eut un combat du côté de Châtel-Saint-Germain. L'assiégeant subit, en cet endroit, des pertes très-sensibles. Des bombes mirent le feu à plusieurs maisons de Sainte-Ruffine; quelques-unes endommagèrent l'église.

Dans la plaine de Thionville, la fusillade, les canons et les mitrailleuses se sont fait entendre pendant plusieurs heures consécutives. Il y eut de nouveaux incendies. A Olgy et à Charly, des habitations furent livrées aux flammes.

La nuit du 5 et la journée du 6 ont été remplies par une série d'engagements. L'armée allemande essaya de reprendre ses positions à Ladonchamps et à Lessy. Nos pièces de 12, installées au château de Ladonchamps et au-dessus de Woippy, ainsi que les canons des forts de Saint-Julien, des Carrières et du Saint-Quentin ont fait avorter toutes ses tentatives. Un certain nombre de maisons ont été trouées par les projectiles à Lessy, à Sainte-Ruffine et à Scy. L'étranger a cherché, à plusieurs reprises, à mettre le feu aux Grandes Tapes. Une partie de ses troupes, opérait, pendant ce temps, un mouvement rétrograde. Auparavant, il avait incendié une ferme à Magny. Mais toutes ces opérations n'aboutissaient à aucun résultat pour nous, et, en échange de quelques vivres ou fourrages, nos riches campagnes étaient de plus en plus dévastées.

Dans la nuit du 6, deux batteries prussiennes posées à Semécourt, ont lancé plus de cinq cents obus sur Ladonchamps. La toiture fut criblée de trous et le jardin labouré par les projectiles.

Par ordre, on a placardé à Marly et dans les villages voisins de la Seille, une ordonnance signée par le lieutenant-général comte Bismarck-Bohlen, s'intitulant GOUVERNEUR GÉNÉRAL DE L'ALSACE ET DE LA LORRAINE, EN VERTU DES POUVOIRS TENUS PAR LUI DE SA .

---

[1] Nos artilleurs ont tiré si juste que les projectiles ont démonté très-rapidement une batterie prussienne établie dans la plaine.

Majesté le roi Guillaume, Commandant en chef des armées allemandes. Cette ordonnance indiquait les précautions à suivre contre la peste bovine qui commençait à faire son apparition. L'entrée, la sortie et le passage des bêtes à cornes étaient rigoureusement interdits, à l'exception du bétail destiné à l'armée pour lequel des mesures spéciales étaient prises.

Les gens des campagnes réfugiés à Metz, et ceux des communes rapprochées de la ville ont été invités à venir chercher des armes pour concourir à la défense de la place, comme gardes nationaux sédentaires pendant la durée du siège.

Bazaine, tournant toujours dans un cercle vicieux et mécontent des rapports qui lui étaient faits sur l'indisposition des soldats à son égard, — pour lesquels il était l'être invisible, — s'inquiéta peut-être? Le 7, il adressa à tous les membres du conseil de guerre une lettre confidentielle pour leur demander, par écrit, leur opinion sur la situation :

« Le moment approche, dit le maréchal, où l'*armée du Rhin* (sic) se
« trouvera dans la position la plus difficile peut-être qu'ait jamais dû subir
« une armée française. Les graves événements politiques et militaires qui se
« sont accomplis loin de nous et dont nous ressentons le douloureux contre-
« coup, n'ont ébranlé ni notre moral, ni notre valeur comme armée. Mais
« vous n'ignorez pas que des complications d'un autre ordre s'ajoutent
« journellement à celles que créent pour nous les faits extérieurs.
« Les vivres commencent à manquer et dans un délai qui ne sera que trop
« court, ils nous feront absolument défaut. L'alimentation de nos chevaux
« de cavalerie et de trait est devenue un problème dont chaque jour qui
« s'écoule rend la solution de plus en plus improbable ; nos ressources sont
« épuisées, nos chevaux vont dépérir et disparaître.
« Dans ces graves circonstances, je vous ai appelés pour vous exposer la
« situation et vous faire part de mon sentiment. Le devoir d'un général en
« chef est de ne rien laisser ignorer,[1] en pareille occurrence, aux commandants
« des corps d'armée placés sous ses ordres, et de s'éclairer de leurs avis
« et conseils.
« Placé plus immédiatement en contact avec les troupes, vous savez
« certainement ce que l'on peut attendre d'elles, ce que l'on doit en espérer.

[1] C'est bien tard, Maréchal, que vous le dites et surtout que vous cherchez à donner le change.

« Aussi avant de prendre un parti décisif, ai-je voulu vous adresser cette
« dépêche, pour vous demander de me faire connaître, par écrit, après un
« examen très-muri et très-approfondi de la situation, et après en avoir
« conféré avec vos généraux de division, votre opinion personnelle et votre
« appréciation motivée.

« Dès que j'aurai pris connaissance de ce document, dont l'importance ne
« vous échappera point, je vous appellerai de nouveau dans un conseil
« suprême, d'où sortira la solution définitive de l'armée *dont sa Majesté*
« *l'Empereur m'a confié le commandement.*

« Je vous prie donc de me faire parvenir, dans les quarante-huit heures,
« l'opinion que j'ai l'honneur de vous demander et de m'accuser réception de
« la présente dépêche. »

Un avis du 7 enjoignit à tous les détenteurs de blé ou de farines de faire la déclaration des quantités possédées par eux, avant le 11 du mois. Les propriétaires ou les dépositaires apportèrent le plus louable empressement à donner cette déclaration. On mit toujours la plus grande activité à se conformer aux avis de l'autorité militaire, concernant les denrées. Dès le 13 septembre, le général Coffinières l'avait reconnu, par une affiche ainsi rédigée, relativement à la question des fourrages : « En présence de l'empressement que la population de Metz a mis à livrer à l'administration de la guerre les denrées fourragères, le délai de versement de ces denrées, au magasin du Saulcy, est prorogé de deux jours. En conséquence, on recevra et on paiera comptant, aux prix indiqués, toutes les denrées qui auront été livrées les 14 et 15 septembre. »

Un homme courageux, déjà presque un vieillard, le brave Hitter,[1] s'était donné la mission d'organiser une compagnie de francs-tireurs volontaires destinés à couper les convois de l'ennemi. Il avait opéré par lui-même plusieurs captures importantes, lorsque, sur sa demande, il fut autorisé à recevoir des associés auxquels on assura une prime de trois francs par jour.

Bazaine se trouvait emprisonné tout-à-fait sous Metz par la diplomatie... L'armée s'impatientait de plus en plus. La discipline souffrait de l'état de chose. Le 7, une action eut lieu vers une

---

[1] C'était un alsacien bien déterminé et connaissant le pays.

heure de l'après-midi, dans la plaine de Thionville, [1] malheureusement trop dominée par les hauteurs couronnées de canons prussiens. On y engagea une partie de l'ex-garde qui elle-même réclamait instamment de sortir de l'inaction. La ligne de combat s'étendit de Ladonchamps et de Fèves, sur la gauche; à Nouilly et à Noisseville, sur la droite. [2] Dans cette journée, nos soldats arrivèrent à pénétrer dans les bois de Plesnois et de Fèves, et à traquer l'ennemi avec avantage. Il perdit du terrain et 548 prisonniers; [3] dès le commencement du combat, il avait brûlé Bellevue et plusieurs fermes.

Hélas! La trouée qu'on disait vouloir faire pour joindre des troupes faisant partie de la garnison de Thionville, avorta, faute d'avoir, de notre part, engagé suffisamment d'hommes et d'artillerie. [4] Il est juste de rapporter que les chevaux nécessaires au service de nos batteries de campagne, étaient, pour la plupart déjà, dans un piteux état, à cause de la nourriture mauvaise et insuffisante. Malgré cette grande infériorité numérique de troupes et de canons,

[1] Ce mouvement avait d'abord été annoncé pour le 3. Les Prussiens, toujours bien informés, étaient sur leurs gardes.

[2] Les assiégeants, outre leurs batteries de position, avaient une nombreuse artillerie à Semécourt, Fèves, Amelange, Olgy, Argancy, Malroy et Charly. Nos tirailleurs, convenablement soutenus, ont fait perdre peu à peu hommes et chevaux à la plupart de leurs batteries volantes. En revanche, nos mitrailleuses, au-dessous de Châtillon, ont dû se reporter en arrière sous une pluie de projectiles lancés dans la plaine par les pièces étagées sur les hauteurs des deux rives de la Moselle.
Notre infanterie chargeant à la baïonnette, au sortir des bois, obtint un très-beau succès.

[3] Ces prisonniers, dont un bon nombre était polonais, s'accordaient pour dire que depuis plus d'une semaine, les Allemands devant Metz étaient sans nouvelle de leur armée qui s'était approchée de Paris. Ils confirmaient la prise de Strasbourg qui avait capitulé, après 46 jours de tranchée ouverte et de bombardement, malgré l'héroïsme des habitants et de la garnison de la citadelle. On n'avait plus d'obus, ni de balles.

[4] Les sorties ont toujours été faites avec des forces trop restreintes.

nos soldats s'étaient emparés des Grandes Tapes, où se trouvaient des greniers bien approvisionnés. Après le succès obtenu tel que Bazaine voulut le limiter, [1] au prix du sang de plus d'un millier des nôtres, le signal du retour au campement fut donné. Cette nouvelle manœuvre militaire ne fut donc encore qu'un massacre inutile. Au lieu de ramener toutes les ressources qui se trouvaient dans cinq localités, il fallut se contenter de quelques gerbes et de quelques bottes de fourrages. On ne songea même pas à faire revenir les voitures, de nuit.

De ce jour, commence cruellement l'agonie de l'armée sous les murs de Metz. On lui enleva tout moyen d'avoir conscience de la situation et d'avoir la possibilité de se mouvoir. De par son chef, elle désertait définitivement la lice, alors que toute la France s'y jetait, pour son honneur.

A la même date (7) vers huit heures du soir, la cavalerie prussienne a attaqué Ladonchamps, mais elle a été vigoureusement repoussée.

Le 8, il y eut une nouvelle alerte. Les Allemands tentèrent, mais infructueusement, de reprendre Amelange et les Tapes.

Les 8, 9 et 10, le canon a encore tonné contre Ladonchamps. On redoutait que l'ennemi réussit à reprendre cette position transformée rapidement en petite forteresse, par ce que de là il eut pu, avec ses nouvelles pièces à longue portée, envoyer des projectiles sur le quartier le plus rapproché de l'enceinte de Metz. [2]

Dans les deux dernières journées, le fort Saint-Quentin tira,

---

[1] *Un communiqué* a prétendu que l'opération du 7 avait pour but simplement de s'emparer des approvisionnements qui se trouvaient dans les Grandes et les Petites Tapes, et en même temps de s'assurer des forces de l'ennemi sur la route de Thionville.

Alors pourquoi n'avoir pas pris les mesures indispensables pour atteindre le but de l'opération? Il en valait la peine.

[2] On s'aperçut bien tard que la construction d'un fort aux environs de Ladonchamps, eût été nécessaire pour battre la plaine de Thionville, commander Malroy, Olgy et les villages au-dessus, pour compléter en un mot, le nouveau système des fortifications extérieures de la place de Metz.

d'une manière très-adroite, sur des batteries placées à la ferme de Tournebride et sur celles d'Ars-sur-Moselle et de Jouy-aux-Arches.

Le 8, en conséquence de la lettre confidentielle que les commandants des corps d'armée avaient reçue la veille du maréchal Bazaine, ils réunirent chez eux leurs généraux divisionnaires. Le plus grand nombre de ceux-ci fut étrangement surpris de cette tardive communication. Tous insistèrent pour que l'honneur des armes fût sauvegardé, et sans prétendre peser sur la décision qui serait prise par le conseil de guerre de l'armée, furent d'accord pour reconnaître que la ville de Metz devait être libre de continuer sa défense. Quelques-uns, résolus à ouvrir un passage à l'armée de Bazaine, proposèrent leurs plans et se chargèrent de les exécuter. Mais déjà Bazaine avait résolu de faire partir le colonel Boyer, son premier aide de camp pour Versailles, et lui avait imposé l'obligation de s'entretenir avec M. de Bismarck, de la régence de l'Impératrice, et de s'assurer des dispositions du gouvernement prussien à cet égard.

L'impartialité nous fait un devoir de ne pas omettre que le général Coffinières, appelé à donner son avis personnel, par lettre, se rangea à cette opinion sérieuse :

« Tout arrangement est impossible avant d'avoir engagé une lutte suprême ;
« cette bataille pourrait être heureuse et dans le cas contraire, on succomberait
« avec honneur. Son Excellence Monsieur le Maréchal commandant en chef
« appréciera si cet avis mérite d'être pris en considération. »

Combien nous eussions été heureux d'apprendre que le commandant supérieur de la place de Metz persévérait dans ces judicieuses observations, qu'il a depuis consignées par écrit :

« A la suite de quelques considérations politiques, je fis observer — dit-il,
» — que le Gouvernement de la Défense Nationale avait convoqué une
» Constituante, et qu'on devrait attendre cette nouvelle manifestation de la
» volonté nationale ; que si l'Empire conservait ses adhérents, il serait
» acclamé de nouveau ; mais que le plus mauvais service qu'on pourrait lui
» rendre serait de le restaurer par les baïonnettes françaises et prussiennes ;
» qu'on ne pouvait pas considérer comme non avenus la captivité de l'Em-
» pereur et le départ de l'Impératrice ; qu'il me semblait étrange que le Roi

» de Prusse ne voulût traiter qu'avec la Régence, puisque ses premières
» proclamations disaient qu'il ne faisait la guerre qu'à l'Empire ; qu'il n'était
» pas admissible que les Prussiens nous laissassent rentrer en France, pour
» rétablir l'ordre, et que ses ouvertures n'étaient qu'un leurre pour nous
» faire arriver à l'extrême épuisement de nos faibles ressources. »

Ces réponses ne causèrent aucune émotion à Bazaine qui dormit tranquillement son sommeil, insouciant à nos souffrances. Ne se considérant comme lié en rien malgré l'appel qu'il avait adressé isolément à ses lieutenants, il causa librement des faits qui venaient de se produire, avec ses familiers, remettant à plus tard d'assembler le conseil de guerre. Cet homme n'avait donc jamais connu que nulle joie, nulle tranquillité, n'est comparable à celle que l'on éprouve d'avoir fait son devoir...

Dans la nuit du 8 au 9, surgit une violente tempête qui s'est continuée le 10, et reprit encore le 12, au soir. Le 13, il y eut éclairs et tonnerre.

Le 9, un garde mobile, arrivé de Thionville à Metz, a raconté que jusqu'à Richemont, où un camp prussien existait, il n'y avait plus d'ennemis. Il a confirmé la résistance de Thionville abondamment approvisionnée.[1]

Le 10, il y eut interdiction absolue de laisser sortir de Metz, blés, farines et fourrages. Pour quel motif avoir retardé la publication d'une décision aussi importante dans l'état critique où l'autorité supérieure prétendait que se trouvait la ville ?

Le conseil de guerre avait été convoqué pour le 10. Il

---

[1] Toutes les précautions avaient été arrêtées à l'avance et exécutées immédiatement de manière à ce que la place bien ravitaillée pût se défendre elle-même.

Au début de la guerre, la garnison de Thionville, qui devait être de 4 à 5,000 hommes, ne comptait que 1,000 défenseurs, dont 600 mobiles, 90 douaniers et 300 cavaliers ou artilleurs non instruits. Une dépêche, datée de Paris du 8 août 1870, au major-général de l'Armée du Rhin, qui avait cependant inspecté cette place, déclarée en état de siège, informait ce dernier que le commandant demandait des renforts.

se composait, outre les chefs des corps, [1] des ci-après nommés : le général Soleille, commandant en chef de l'artillerie ; le général Coffinières de Nordeck, commandant en chef du génie et commandant supérieur de la place de Metz ; l'intendant Lebrun, intendant en chef de l'armée ; plus tard fut adjoint le général Changarnier. Les considérations politiques y dominèrent sous l'influence de Bazaine. [2] Le Conseil fut d'avis que le général Boyer [3] serait envoyé d'urgence à Versailles, pour demander que l'armée du Rhin fût autorisée à se retirer dans une ville de l'intérieur de la France. [4]

---

[1] C'étaient : le maréchal Bazaine, commandant en chef ; le maréchal Canrobert, commandant le 6ᵉ corps ; le maréchal Lebœuf, commandant le 3ᵉ corps ; le général Frossard, commandant le 2ᵉ corps ; le général Ladmirault, commandant le 4ᵉ corps ; le général Desvaux commandant la garde.

[2] Il avait été informé que le général Bourbaki n'avait pas poursuivi la mission qu'il lui avait donnée. Aussi prit-il un soin minutieux d'exposer, sous les couleurs les plus sombres, les principaux traits de la situation qui empirait chaque jour par son ineptie et son égoïsme.

[3] Bazaine venait d'élever avec empressement son premier aide-de-camp à ce grade.

[4] Le vote approbatif, sans exception, à cette proposition du président du conseil, fut dicté par un sentiment d'humanité.
Il eut lieu après l'adoption du procès-verbal de la séance, dont nous avons une copie certifiée conforme, sous les yeux, et dont suit un extrait littéral relatif aux questions posées et aux réponses faites :

« 1° L'armée doit-elle tenir sous les murs de Metz jusqu'à l'entier épuisement de ses ressources alimentaires ?

« 2° Doit-on continuer à faire des opérations autour de la place pour essayer de se procurer des vivres et des fourrages ?

« 3° Peut-on entrer en pourparler avec l'ennemi pour traiter d'une convention militaire ?

« 4° Doit-on tenter le sort des armes et chercher à percer les lignes ennemies ?

« La première question est résolue affirmativement, à l'unanimité, par cette raison que la présence de l'armée sous les murs de Metz y retient, en les immobilisant, 200,000 ennemis, et que, dans les conditions où elle se

Alors il n'était venu à la pensée d'aucun des délibérants de confondre le sort de la place avec celui de l'armée sous ses murs. Mais le conseil avait assumé la responsabilité de la démarche de Boyer

trouve, le plus grand service que l'Armée du Rhin puisse rendre au pays est de lui permettre d'organiser la résistance dans l'intérieur.

« La deuxième question est résolue négativement à l'unanimité, en raison du peu de probabilité qu'il y a de trouver des raisons suffisantes pour vivre quelques jours de plus, à cause des pertes que ces opérations occasionneraient et de l'effet dissolvant que leur insuccès pourrait avoir sur le moral de la troupe.

» La troisième question est résolue affirmativement, à l'unanimité, à la condition toutefois d'entamer les ouvertures dans un délai qui ne dépassera pas quarante-huit heures, afin de ne pas permettre à l'ennemi de retarder le moment de la conclusion de la convention jusqu'au jour et peut-être au-delà du jour de l'épuisement de nos ressources.

« Tous les membres du Conseil de guerre déclarent énergiquement que les clauses de la convention devront être honorables pour nos armes et pour nous-mêmes.

» La quatrième question en amène une cinquième. M. le général Coffinières de Nordeck demande s'il ne serait pas préférable de tenter le sort des armes, avant d'entamer des négociations, le succès de cette tentative pouvant rendre les pourparlers inutiles, ou bien le résultat de nos efforts pouvant peser dans la balance des pertes que nous aurions fait subir à l'ennemi.

« Cette question est écartée par la majorité, et il est décidé, à l'unanimité, que si les conditions de l'ennemi portent atteinte à l'honneur militaire, on essaiera de se frayer un chemin par la force, avant d'être épuisé par la famine et tandis qu'il reste la possibilité d'atteler encore quelques batteries.

» Il est donc convenu et arrêté :

» 1º Que l'on tiendra sous Metz le plus longtemps possible.

» 2º Que l'on ne fera pas d'opérations autour de la place, le but à atteindre étant plus qu'improbable.

» 3º Que des pourparlers seront engagés avec l'ennemi, dans un délai qui ne dépassera pas quarante-huit heures, afin de conclure une convention militaire honorable, et acceptable par tous ;

» 4º Que dans le cas où l'ennemi voudrait imposer des conditions incompatibles avec notre honneur et le sentiment du devoir militaire, on tentera de se frayer un passage les armes à la main. »

Le procès-verbal est revêtu des signatures des maréchaux Bazaine, Canrobert, Lebœuf; des généraux Ladmirault, Soleille, Coffinières de Nordeck, commandant supérieur de Metz, et de l'intendant en chef, Lebrun.

auprès de M. de Bismarck. Le sort en était donc jeté : la politique personnelle de Bazaine avait la priorité.

Des journaux de la localité avaient déjà risqué des appréciations sur certains faits : Coffinières, sous la pression de Bazaine, redoubla encore de sévérité. La censure se fit impitoyable. Voici deux échantillons de la manière dont elle était exercée, le 11 : le premier est un extrait de l'article de tête d'une des feuilles les mieux renseignées : l'*Indépendant de la Moselle*.[1] Les passages retranchés à une première lecture, sont en caractères italiques.

« Les prisonniers qui nous ont été rendus ont donné des renseignements sur la situation générale et particulièrement sur les événements qui se passent autour de Paris. *Que les pessimistes et les découragés prennent donc confiance encore et n'entendons plus prononcer ce mot qui fait monter la rougeur au front* : Capitulation. Ils racontent ce qui suit : A Lunéville, un officier français, déguisé en bourgeois, s'approche du convoi et parvient à glisser ces mots à un soldat : « Dites à Metz que tout va bien. » On lui a arraché des mains une lettre qu'il remettait pour un de nos colonels d'infanterie. . . . . .

« Ladonchamps est situé à quelques centaines de mètres de la voie ferrée ; des massifs boisés qui l'entourent on peut envoyer une grêle de balles sur les cavaliers français qui mènent paître leurs chevaux sur les bords de la Moselle ou qui viennent récolter au milieu des champs *avidement fouillés*, quelques sacs de betteraves ou de pommes de terre. *L'occupation de Ladonchamps par nos troupes a une importance réelle ; nous empêchons ainsi les Prussiens de harceler nos fourrageurs dans un périmètre assez étendu.* Le génie a établi des fortifications passagères autour de ce castel gothique, et cette précaution a rendu tout coup de main impossible de la part de l'ennemi.

« Le 7 octobre, les voltigeurs finissaient à peine leur repas

---

[1] Dans le même numéro, était resté en blanc l'espace nécessaire à l'insertion d'une lettre datée du 9, et signée : *Un artilleur de la garde nationale.*

lorsque les clairons sonnèrent l'appel de la brigade. Depuis plusieurs jours il y avait des bruits de poudre et de combat dans l'atmosphère. Cette sonnerie subite annonçait clairement qu'on allait marcher ; l'action ne manquerait pas d'être sérieuse. *La garde allait être engagée*; ce ne serait plus quelques escarmouches d'avant-postes comme les jours précédents. Il faut avoir assisté au départ d'une colonne française pour apprécier véritablement la bravoure chevaleresque de nos soldats.

« On était au camp, chacun se livrait à une occupation différente ; le clairon sonne, l'appel se fait entendre, la fin de la journée va se passer au milieu des balles et des obus, vite on saisit le fidèle chassepot et on jette un dernier coup d'œil sur son uniforme ; on part comme pour une revue . . . Les rangs se forment. L'ordre est donné de marcher . . . On s'avance rapides et silencieux ; mais on sent qu'un frémissement guerrier agite les poitrines de ces hommes vaillants . . . quoiqu'il arrive, ils sont français et ils sauront le prouver à l'ennemi.

« *La garde qui, depuis Rezonville, avait été maintenue strictement dans son rôle si essentiel de corps de réserve, était heureuse d'avoir à partager les dangers de ses frères d'armes de la ligne. Entre onze heures et minuit, on put assister au défilé plein d'entrain des grenadiers, des zouaves, des voltigeurs et des chasseurs à pied. C'était jour de fête pour ces brillants régiments.*

« *La garde était la réserve. On voulait épargner, conserver la garde, mais il ne fallait pas le lui faire sentir : la garde allait être engagée était une phrase séditieuse. Bazaine voulait la ramener intacte à Wilhemshœhe*[1]*, car la garde lui semblait être la partie de l'armée sur laquelle surtout devrait s'appuyer la restauration qu'il méditait ; et la garde se rongeait les poings, immobile, toujours spectatrice, elle qui demandait impérieusement de se jeter dans la mêlée, sans soupçonner le triste rôle que le maréchal croyait lui réserver...*

« *En même temps plusieurs bataillons d'infanterie du corps*

---

[1] Lieu rendu fameux, dans cette guerre, par les manœuvres bonapartistes.

Ladmirault partaient dans la direction de Norroy-le-Veneur et de Fèves, traversant un pays boisé et accidenté. Quelle que fût leur mission, on pouvait être assuré d'avance qu'elle serait accomplie glorieusement ; le quatrième corps inspira une terreur salutaire aux Prussiens . . . et pour cause. Toutefois, il était impossible de suivre tous les détails de l'action ; les compagnies disparaissaient derrière les rideaux de peupliers ou les massifs de bois ; la fusillade seule indiquait qu'on repoussait l'ennemi et qu'on gagnait du terrain.

« *Le sixième corps, qui avait conquis Ladonchamps la semaine précédente, envoya quelques régiments qui opérèrent conjointement avec ceux de la garde.* Les Prussiens *sont difficiles à surprendre* ; s'apercevant d'un mouvement offensif de notre part, ils se hâtèrent de déployer une artillerie nombreuse ! . . .

« A Semécourt, ils avaient construit des épaulements étagés, ils y avaient installé plusieurs batteries pour foudroyer Ladonchamps. A Fèves, à Amelange, à Argancy, ils démasquent encore des canons, toujours des canons. Leurs bouches embrasées vomissent des obus dans toutes les directions. De notre côté nous répondons vigoureusement *par nos batteries de Woippy, de Ladonchamps et de Châtillon.*

« Des nuages de fumée blanche obscurcissent l'air, tandis qu'on est étourdi par le bruit imposant de la canonnade. Saint-Julien mêle sa voix puissante à cet effroyable concert de détonations incessantes et de sifflements lugubres.

« Cependant notre infanterie n'est pas arrêtée par cet ouragan de fer et de feu. Du reste, les obus sont aussi dangereux à 3,000 mètres qu'à 1,000.

« *Ne craignez rien, mes enfants, crie à ses soldats, un vaillant général, je vous servirai de bastion !* » Et il s'élance à la tête de sa brigade. On m'a assuré que cette phrase sublime avait été prononcée par le général Gibbon, blessé dans ce combat. [1]

---

[1] Ancien colonel du 25e de ligne qui paya si courageusement sa dette à la patrie depuis l'entrée en campagne. Ce valeureux chef, que nous avons connu particulièrement, ne tarda pas à succomber aux préoccupations morales plus qu'à la douleur physique.

« Un jeune prêtre, de Versailles, l'abbé Lancier, aumônier volontaire, se trouvait au camp de voltigeurs lorsque sonna la marche de la brigade ; il voulut l'accompagner au danger. Il était près des Tapes lorsqu'elles furent emportées de vive force par les nôtres, et, s'abritant de son mieux derrière un mur, il distribuait à nos blessés les secours de la religion.

« *Quel fut son étonnement, lorsqu'on amena les prisonniers près de l'ambulance provisoire, de voir ces hommes encore noirs de poudre et couverts de sang, s'approcher de lui respectueusement, saisir sa main droite et la lui baiser. C'étaient des Polonais du duché de Posen, presque tous pères d'une famille nombreuse...
Ces malheureux avaient de 35 à 45 ans ; ils croyaient qu'on allait les fusiller et montraient à l'abbé un livre de prières et une image de la Vierge, en répétant ce seul mot : « Catholiques ! Catholiques ! »*

« De tous côtés il y avait des engagements semblables ; les Prussiens étaient repoussés sur tous les points. Ici, les chasseurs à pied ramenaient des chevaux d'artillerie encore tout harnachés et tout équipés ; *le bruit se répandit qu'on avait pris une batterie volante, mais il ne passa sur la route qu'un canon et un caisson rempli de cartouches pour les fusils d'infanterie.*

« En même temps une diversion énergique était opérée sur la rive droite de la Moselle. Les Prussiens durent apporter un certain amour-propre dans le déploiement de leur artillerie. De Servigny à Noisseville, ce ne fut bientôt qu'une ligne de feu. Les coups se succédaient avec une rapidité inouïe. Je ne crois pas que le 31 septembre, il soit tombé une plus grande quantité d'obus aux alentours de Méy et de Nouilly. Nos soldats avançaient en tirailleurs et répondaient aux boulets par les balles..

« De même que dans la plaine de Thionville, les régiments rentrèrent dans leurs lignes à la tombée de la nuit. *L'Histoire qui puise ses documents dans les récits anecdotiques, aussi bien que dans les rapports officiels, nous dira quel était le but de cette bataille ? Tant que l'ennemi est à nos portes, nous ne pourons et ne devons faire qu'une chose, écrire ce que nous voyons ; nos relations d'aujourd'hui serviront de jalons aux discussions de l'avenir . . . »*

Et ce même jour (11), un article signé par le colonel du génie en retraite, M. Humbert, bibliothécaire de l'Ecole d'application, — article envoyé à l'imprimerie, — était anéanti sur l'épreuve, par cette annotation de la main de Coffinières « Cet article est à supprimer en entier. Il n'a d'autre inconvénient que de soulever des questions trop brûlantes dans les circonstances actuelles. » L'honorable officier supérieur avait pris la plume après avoir reçu la visite d'un officier d'état-major qui était venu lui demander, de la part de Bazaine, l'ouvrage de Thiers où il est question des capitulations de Baylen, de Gênes et de Dantzig. Dans cet article, M. Humbert s'attachait à démontrer que la situation n'était pas désespérée et il cherchait à inspirer à tous la confiance que la France ne restait pas inactive. Coffinières, comme Bazaine, hélas ! ne sortait de son mutisme que pour tromper et effacer ce qui était de nature à relever les courages.

Oh ! la guerre. . . l'affeuse, l'horrrible guerre !

Jamais, non jamais elle n'a été faite dans de pareilles conditions.

Quel énorme matériel d'artillerie, quelles hordes innombrables d'hommes de différentes nations qu'une seule volonté faisait tonner ou se ruer sur notre pays ! . . .

A Metz, on commençait à s'émouvoir plus que matériellement — au moral surtout — de la fausse situation qui incombait à la ville, par suite notamment des causes suivantes : l'inaction de l'armée campée sous les murs de la place, dans un périmètre très-restreint ; — le défaut par son commandant en chef de prendre pour objectif la ligne d'opérations de l'ennemi ; — l'oubli par le même de se servir de la place comme de pivot de manœuvres et de refuge à ses troupes ; — l'insuffisance d'approvisionnements comparativement à la force numérique de l'armée dont la présence et le séjour prolongé n'avaient pu être prévus ; — l'abondance de l'argent distribué aux officiers et aux soldats, motif principal du renchérissement excessif des denrées de toute sorte, sans exception ; — la grande mortalité des chevaux de la cavalerie et de l'artillerie ; — l'agglomération toujours progressive des troupes envahissantes venant de l'Allemagne ; — l'ignorance dans laquelle les habitants étaient laissés des événements qui pouvaient, devaient même se passer en France ; — enfin la crainte de manquer de munitions de guerre, après une grande bataille et sauf le service du tir des forts extérieurs.

Dans ce moment, Bazaine faisait partir le général Boyer. Accompagné de deux officiers d'état-major du prince Frédéric-Charles, il avait mission du maréchal de se rendre auprès du roi Guillaume [1], au grand quartier général, à Versailles, pour tâcher de connaître la situation réelle de la France et les intentions des autorités prussiennes au sujet d'une convention militaire. Le commandant en chef se trouvait à couvert par la décision du conseil de guerre, de la veille.

Le bruit des négociations s'étant répandu en ville, les officiers de la garde nationale se réunirent, le 11, dans l'après-midi, à l'hôtel municipal. De là, de leurs délégués se rendirent, ayant à leur tête, le maire, chez le commandant supérieur, afin d'obtenir s'il était possible, des renseignements sûrs, soit du général Coffinières directement, soit, par son intermédiaire, du maréchal Bazaine. Tandis que la députation faisait cette démarche, un des officiers qui étaient demeurés à la maison commune, arracha l'aigle du drapeau de cet édifice et la jeta sur la place. Toute la manifestation fut borné à cet incident. [2]

---

[1] Il fut absolument interdit aux gérants des journaux de mentionner ce départ, sous peine d'une suspension immédiate et définitive de leur feuille.

[2] L'autorité militaire voulait exiger que cette aigle fût rétablie sur le champ, au besoin par la force.

Après que Bazaine connut les différentes questions qui avaient été agitées au quartier de la Princerie, [1] il fit publier le *Communiqué* suivant, daté du Ban Saint-Martin, [2] le 11 octobre, mais sans signature [3] :

« Le Maréchal Commandant en chef l'Armée du Rhin n'ayant reçu aucune nouvelle affirmant les heureux faits de guerre qui se seraient passés à Paris, se borne à en souhaiter la réalisation et assure les habitants de Metz que rien ne leur est caché ; qu'ils aient donc confiance dans sa loyauté.

» Du reste, jusqu'à ce jour, le Maréchal a toujours communiqué à l'autorité militaire de Metz les journaux français ou allemands tombés entre nos mains.

» Il profite de l'occasion pour assurer que, depuis le blocus, il n'a jamais reçu la moindre communication officielle du Gouvernement, malgré toutes les tentatives faites pour établir des relations.

» Quoiqu'il advienne, une seule pensée doit, en ce moment, absorber tous les esprits, c'est la défense du pays ; un seul cri doit sortir de toutes les poitrines :

« VIVE LA FRANCE ! »

Cette protestation mensongère, [4] sans nom, eut le don d'exciter

---

[1] Des nouvelles certaines de Paris, toutes très-rassurantes, étaient parvenues à plusieurs citoyens. Nous n'entendons pas parler ici de la dépêche manuscrite qu'on faisait circuler, annonçant trois victoires sous les murs de la capitale de la France, la retraite de l'armée prussienne et la reprise de Lunéville par les francs-tireurs des Vosges. Les gens sérieux se sont toujours tenus en garde, à Metz, contre les exagérations alors qu'elles leur paraissaient propagées à dessein.

Les demandes soulevées étaient toutes de la plus haute gravité et avaient été formulées dans les termes de la plus haute convenance.

[2] De plus en plus le commandant en chef de l'armée affectionnait cet endroit qui était devenu son véritable refuge et où il habitait la plus belle propriété. Du chemin on l'apercevait faisant assidûment sa partie, dans la vaste salle du rez-de-chaussée, ou se promenant dans les jardins.

[3] Cette lacune a fait gratifier Bazaine du surnom : le *Maréchal Communiqué*.

[4] En même temps l'état-major était chargé de répandre dans l'armée et dans la population, pour les égarer, les bruits les plus démoralisants.

chez les soldats et chez les bourgeois, un culte où respiraient la haine de l'autorité césarienne, de toute tyrannie quelconque, — l'ambition de réformes et de libertés.

En vain les citoyens réclamèrent la proclamation officielle de la déchéance de l'Empire et de l'avénement du nouveau Gouvernement. On se refusa toujours à admettre l'authenticité de ces nouvelles, quoiqu'on ne pouvait pas considérer comme non avenues la captivité de Napoléon III et la fuite de l'Impératrice. Le commandant supérieur de Metz avait eu la délicatesse d'en convenir lui-même.

Oui « *Vive la France !* » répétaient en chœur les habitants de la vieille et franche Cité. « Mourons, s'il le faut, pour » conserver à notre cher pays, ces remparts qui la défendent. Faisons- » nous armée ! . . . » Telle était l'unique pensée des citoyens à cette heure suprême. Il n'y eut qu'une voix dans notre ville pour demander que la résistance fût poussée jusqu'à ses plus extrêmes limites. Cette voix trouva écho chez des officiers supérieurs qui dirent hautement au commandant de la forteresse : « Général, » le premier qui parlera de se rendre, sera fusillé. »

Les rentiers et la classe ouvrière manquaient d'argent, et toute denrée était à un prix excessif [1]. Le conseil administratif de la caisse d'épargne et du mont de piété obtint que les créanciers de ces établissements pourraient être remboursés immédiatement, tant sur les livrets que sur les billets.

Par suite de l'accroissement de la population de la ville et en considération de l'absence d'un des adjoints [2] au maire, retenu chez lui par maladie, un arrêté préfectoral a appelé, en cette qualité, deux membres du conseil : MM. Edouard Boulangé, avocat, et Noblot, négociant. Ils furent installés au bureau, dans la séance du 12.

Le 3e numéro du *Journal officiel du Gouvernement d'Alsace* a

---

[1] Les produits de toute nature n'ayant plus cours aux halles et aux marchés, étaient entièrement laissés à l'arbitraire du vendeur et au caprice des spéculateurs.

[2] M. Sylvain Sturel.

annoncé la nomination des sous-préfets de Sarreguemines et de Sarrebourg, et, par, anticipation, des sous-préfets de Metz et de Thionville, ces deux arrondissements réunis en un seul, avec résidence à Faulquemont.

Les mots de duplicité, de trahison, s'accentuaient davantage. Le général Coffinières s'empressa de donner l'assurance que la place ne fournirait plus rien à l'armée, dans un délai très-rapproché, et constitua un conseil de défense et un comité de surveillance des approvisionnements. Il nomma aussi cinq commissions composées chacune d'un membre du conseil municipal, d'un juge de paix ou suppléant, d'un commissaire de police, d'un capitaine de la garde nationale et d'un capitaine de l'armée, pour faire des perquisitions de vivres jusque dans les maisons inhabitées.[1]

L'honorable maire de Metz avait fait connaître au conseil de la cité que, dans les circonstances graves que nous traversions, en présence des appréhensions, des impatiences qui s'étaient manifestées, des diverses démarches et observations qui s'étaient produites, il paraissait urgent que l'Administration et le conseil entier exprimassent, une fois de plus, les sentiments qui n'ont pas cessé de l'animer et en transmissent l'expression, par écrit, à l'autorité supérieure militaire.

Ce désir très-opportun était justifié aussi par une démarche des officiers de la garde nationale, qui s'étaient adressés au maire pour

---

[1] Des membres des commissions désignées pour ces perquisitions à domicile voulaient, sous prétexte de se conformer aux instructions verbales du commandant supérieur de la place, faire comprendre, dans leurs réquisitions, les légumes secs, le lard, les vivres de toute sorte qu'ils rencontraient chez les particuliers. Ces exigences se manifestèrent à un tel point que des membres du conseil municipal se retirèrent pour venir demander des instructions à la mairie. Cette extension inacceptable, contraire d'ailleurs aux termes de l'arrêté du général Coffinières (a), fut l'objet d'une protestation efficace. (b)

(a) Il n'était question, dans cet arrêté que des blés, farines, seigles et orges.

(b) Séance du Conseil communal du 12 octobre.

le prier de les accompagner au quartier général de la rue de la Princerie.

Dans la soirée du 13, vers neuf heures, environ quatre cents citoyens représentants d'une foule curieuse et frémissante, ont stationné devant l'hôtel-de-ville. Ils attendaient de la municipalité des explications sur les événements. Le conseil était entré en délibération. Dans ce moment,[1] le général Coffinières s'est présenté devant les délégués de la garde nationale et de la population, et jura sur son honneur, sur son épée, que jamais il ne consentirait à une capitulation, qu'il défendrait Metz, jusqu'à la dernière goutte de son sang, et qu'il se tuerait plutôt que de signer une pareille honte. Sur une interpellation qui lui fut faite, il ajouta que son commandement était tout-à-fait distinct de celui du maréchal Bazaine, qu'il était pénétré de l'importance de ses devoirs et qu'il saurait les remplir jusqu'à la mort en homme de cœur et d'honneur.

Les paroles de Coffinières parurent, en cet instant solennel, empreintes d'une sincérité telle que des assistants crurent à un revirement complet de sa part, et se firent même ses loyaux défenseurs. Quelques personnes, mieux avisées, voulaient que, sans plus de retard, le commandant supérieur de la place fût déposé de ses fonctions. Elles considéraient les déclarations du général dictées par la circonstance et comme n'étant qu'un leurre, pour nous faire arriver à l'extrême épuisement des faibles ressources qu'il laissait à notre disposition. L'avis de ces citoyens clairvoyants n'eut pas d'autre suite.

A cette heure même, il était donné lecture à nos édiles d'une lettre ainsi conçue du général au maire :

« J'ai l'honneur de vous informer que les magasins militaires des vivres sont complétement vides aujourd'hui même.

[1] Le mécontentement, que tant de circonstances, hélas ! ne justifiaient que trop, accru peut-être d'exagérations et de ferments qui sont dans le tempérament des foules, se traduisait librement à mots énergiques.

» Il est inadmissible que l'Armée du Rhin qui, jusqu'à ce jour, nous a protégés contre le bombardement, reste sans pain. Les lois sacrées de l'humanité suffiraient d'ailleurs pour obliger la ville de Metz à venir en aide à l'armée, à la garnison de la place et aux nombreux malades qu'elle renferme.

» D'autre part, il a été constaté que la ville de Metz possède, en ce moment, 3,500 quintaux de blés ou farines.

» Or, la population civile consomme, en ce moment, environ 260 quintaux de farine, soit environ 300 sacs de blé ; les rationnaires militaires consomment environ 160,000 rations de pain de 300 grammes chacune, soit environ 480 sacs de blé. La consommation totale est donc de 780 sacs de blé.

» Si nous ajoutons aux 3,500 sacs que vous possédez, environ 1,500 sacs que doivent produire les réquisitions qui s'opèrent en ce moment, nous arrivons à un total de ressources de 5,000 sacs environ, et en divisant ce total par 780 qui est la consommation journalière, nous arrivons à trouver du pain pour six jours environ.

» Dans les circonstances critiques où nous nous trouvons, toutes nos ressources doivent être mises en commun, et je ne saurais penser qu'il fût nécessaire de recourir à la force pour établir cette égalité entre tous.

» En conséquence, je vous prie et je vous requiers, au besoin, de prendre les mesures nécessaires pour que la quantité de 480 quintaux de blé soit mise journellement à la disposition de l'administration de l'armée.

» La première livraison, c'est-à-dire celle qui doit s'opérer immédiatement, sera enlevée par les voitures militaires dès que vous m'aurez fait connaître les locaux dans lesquels se trouvent les denrées. »

Le maire ajoutait que le même jour, à une heure, il s'était rendu à une Commission des subsistances dans laquelle il avait été annoncé par l'intendant, que les magasins militaires étaient vides ; qu'il n'y avait plus qu'un peu de lard pour les hôpitaux et les ambulances, et 234 quintaux de biscuits. [1]

Le conseil municipal leva la séance à 10 heures, à l'instant où les derniers coups du beffroi pour le couvre-feu achevaient de se faire entendre. Immédiatement les grilles de l'hôtel-de-ville ont été ouvertes : les groupes firent silence ; une partie des citoyens se rangea sous le péristyle. Ça été un spectacle imposant. Le maire,

---

[1] Un membre du conseil municipal prit la parole en ces termes à la suite de ces communications : « Il semble résulter qu'on veut faire naître en nos « esprits une terreur calculée et qu'on cherche à obtenir ainsi, grâce à nous, « un prétexte que nous ne devons fournir à aucun prix. »

vénérable vieillard, tête nue, se tenait debout sur les premiers degrés de l'escalier d'honneur, entouré de ses collègues. En avant, le poste de la garde nationale était au port d'armes. Chacun se découvrit. M. Félix Maréchal, d'une voix grave, accentuée, profondément émue, lut l'Adresse qu'il était chargé de transmettre au commandant Coffinières :

« Monsieur le Général,

» La démarche faite auprès de vous par les officiers de la garde nationale de Metz, a été inspirée par leur sérieuse résolution de s'associer énergiquement à la défense de la ville.

» La garnison, à qui appartient cette défense, peut compter sur l'ardent amour d'une population incapable de faiblesse, quoiqu'il arrive.

» Les communs efforts de l'un et de l'autre garderont jusqu'aux dernières extrémités, à la France, sa principale forteresse, et aux Messins, une nationalité à laquelle ils tiennent comme à leur bien le plus cher.

» Le conseil municipal se fait l'interprète de la Cité tout entière. Il ne peut se défendre d'exprimer son douloureux étonnement de la tardive connaissance qui lui est donnée par votre lettre de ce jour seulement, des ressources en subsistances sur lesquelles le Commandant supérieur peut compter pour assurer la défense de la place.

» La population en subira néanmoins les conséquences avec courage. Elle ne veut, sous aucune forme, assumer la responsabilité d'une situation qu'il ne lui a pas été donné de connaître ni de prévenir.

» Nous vous prions, Monsieur le Général, de faire parvenir à Monsieur le Maréchal Bazaine cette expression de nos sentiments. Ils se résument dans le cri de :

» Vive la France ! » [1]

Après l'audition de cette mâle et véridique Adresse, la réunion, profondément émue par la patriotique résolution qu'elle exprimait, a remercié les édiles et s'est aussitôt séparée en répétant le cri national.

[1] Avaient signé cette Adresse le maire et tous les membres du conseil présents à la séance, savoir : « Félix Maréchal, Ed. Boulangé, E. Noblot, Géhin, de Bouteiller, Blondin, P. Bezanson, G. Gougeon, Bultingaire, Moisson, Simon-Favier, Marly, E. Sturel, Louis Geisler, Aug. Prost, Worms, Collignon, Rémond, Puyperoux, général Didion, Salmon, Em. Bouchotte, G. Schneider. »

Voici quelle a été la réponse du commandant supérieur de la place :

« Metz, le 14 Octobre 1870.

» Monsieur le Maire,

» Le Conseil municipal de Metz m'a fait l'honneur de m'adresser une lettre dans laquelle il exprime les sentiments les plus nobles et les plus patriotiques.

» Je m'empresse de vous remercier de cette manifestation qui est loin de me surprendre, car je n'ai jamais douté de l'ardent concours que la population de Metz donnera aux troupes chargées de la défense de notre forteresse. Vous pouvez compter également sur l'énergie avec laquelle nous accomplirons notre devoir. Tout ce qu'il sera humainement possible de faire, nous le ferons sans hésitation. Mais je vous prie de dire à vos administrés que, pour atteindre ce but, désiré par tous, il faut surtout le calme qui caractérise les gens fermement résolus, et qu'il importe de rester unis, en évitant avec soin tout ce qui pourrait ressembler à l'indiscipline, à la sédition et aux vaines déclamations ; il importe surtout d'exclure la politique de nos préoccupations, parce que la politique est un dissolvant qui ne peut que troubler l'harmonie qui doit régner parmi nous.

» Un gouvernement de fait existe en France, il a pris le titre de Gouvernement de la Défense Nationale, nous devons reconnaître ce Gouvernement et attendre les décisions qui seront prises par l'Assemblée Constituante élue par le Pays. En attendant sa décision, nous devons nous rallier au cri que vous poussez vous-même : Vive la France !

» Vous me dites que la population a été péniblement surprise d'apprendre que les ressources en subsistances étaient très-limitées. Il était cependant facile de se rendre compte que lorsqu'une population civile et militaire de plus de 230,000 âmes, a tiré, pendant deux mois, tous ses vivres d'une place comme Metz, il ne doit plus rester que de faibles ressources.

» Du reste, je n'ai jamais fait mystère de la situation des subsistances ; la réduction de la ration de l'armée, les recensements faits en ville, les mesures prises pour assurer le service de la boulangerie, et les conversations que j'ai eues soit avec M. le Maire, soit avec divers habitants de la ville, démontrent suffisamment l'épuisement progressif de nos vivres.

» Il serait d'ailleurs inutile de récriminer sur le passé, et de rejeter la responsabilité sur les uns ou sur les autres.

» Envisageons courageusement la situation telle qu'elle est, et comme vous le dites avec beaucoup de raison, subissons-en les conséquences avec énergie et avec la ferme résolution d'en tirer le meilleur parti possible. »

A la lecture de ce vague plaidoyer, on se demanda avec une inquiétude toujours croissante ce que la ville de Metz pouvait encore espérer de Bazaine et de Coffinières, dont l'audace égalait l'incurie.[1]

Néanmoins, au milieu de ces jours de deuil et du danger, la double résolution des Messins s'est encore accrue de sauver ce qui leur était le plus cher : leur dignité, leur honneur, leur nationalité, et de défendre leur ville avec la tenacité et le courage des cœurs indomptables. Dans toutes les classes, on sut s'imposer les privations les plus dures pour se préserver des regrets et des remords patriotiques. On a tout fait pour transmettre intact à la nouvelle génération l'héritage sacré reçu de pères héroïques.

De nouvelles manifestations se produisirent et des délégués se présentèrent au général afin d'être renseignés plus nettement. Coffinières assura que l'armée était sur le point de s'éloigner, que la place se trouverait avoir ainsi sa complète liberté d'action, et répéta qu'il était résolu à la défendre jusqu'à la dernière extrémité.[2]

Ces tendances toutes naturelles firent craindre au maréchal que le commandant supérieur de la ville se laissât ébranler, et qu'alors il exigeât la détermination des responsabilités entre les deux commandements. Il se crut fort de son grade éminent et usa de remontrances. Coffinières n'osant se mettre en état de rébellion et consultant toutefois sa conscience, envoya sa démission en la motivant dans ces termes :

« Les dernières dépêches de Votre Excellence et les observations verbales
» que vous m'avez adressées me font voir que vous n'approuvez pas la
» manière dont je remplis mes fonctions. Dans une situation aussi excep-

---

[1] Plusieurs notables agitèrent alors sérieusement la déposition du maréchal Bazaine et surtout celle de Coffinières, de leur commandement respectif, et l'élection d'un comité gouvernemental qui aurait à rendre compte de son administration. Mais ces mesures radicales ne prévalurent pas.

Hélas ! un peu plus de vigueur hâtive nous aurait sauvés et aurait épargné bien des maux à l'humanité.

[2] Les défenseurs de la place, rendue à temps indépendante du commandement de Bazaine et servie par un homme du métier, capable et énergique, eussent certainement vaincu...

» tionnelle et aussi grave, il me semble indispensable que le général en chef
» ait pleine confiance dans le commandement de la place, et que celui-ci
» soit appuyé par le général en chef. D'un autre côté, je suis assailli par les
» plaintes des habitants qui disent que l'armée, en prolongeant son séjour
» autour de la place, absorbe toutes leurs ressources et la met dans l'impos-
» sibilité de se défendre. Le mot de trahison est même prononcé et l'irritation
» est à son comble. En qualité de commandant de la place, je dois veiller à
» ses approvisionnements, tandis que, pour alimenter l'armée, je suis forcé
» d'enlever les vivres aux habitants, après avoir épuisé tous les magasins
» militaires et après avoir même entamé la réserve des forts. Je me heurte
» sans cesse aux articles 212 du Règlement du service en campagne, 244
» et 245 du Règlement sur le service des places. Mon devoir, tel que je le
» comprends (et j'ai fait tout mon possible pour le remplir) est de repousser
» les accusations perfides, de ménager tous les intérêts respectables, de
» calmer l'irritation des esprits et de maintenir l'ordre matériel sans user de
» violences, souvent plus nuisibles qu'utiles. Malheureusement ces obligations
» sont souvent contradictoires; de telle sorte que les observations et les
» critiques m'arrivent de toutes parts; cette situation n'est plus tenable. Je
» viens donc vous prier, Monsieur le Maréchal, de vouloir bien accepter la
» démission que je donne de mes fonctions de commandant supérieur de la
» place de Metz; je demande même à être remplacé immédiatement, ce qui
» est facile, puisqu'il y a deux généraux de division dans la place. Je dois
» ajouter que l'état de ma santé me commande impérieusement un repos de
» quelques mois, et, pour ces motifs, j'ai l'honneur de demander à Votre
» Excellence de me mettre en disponibilité jusqu'à ce que ma santé soit
» rétablie. »

Plût à Dieu que le général Coffinières fût resté dans cette disposition d'esprit !

Bazaine se tira de ce pas avec habileté, et répondit, par la dépêche suivante :

« MON CHER GÉNÉRAL,

» En réponse à votre lettre du 14 courant, je viens vous assurer que vous
» n'avez nullement perdu ma confiance, et que je ne vois, ni dans es obser-
» vations que je vous ai faites, hier matin, ni dans les lettres que je vous ai
» adressées, rien qui soit de nature à vous faire prendre la détermination qui
» y est mentionnée. Nous avons fait l'un et l'autre, dans l'esprit des réglements,
» tout ce qu'il était possible pour améliorer une situation résultant des rapides
» évènements de guerre qui se sont succédé en août et septembre. Aujourd'hui,
» comme par le passé, j'ai le plus vif désir que la ville puisse se défendre sans

» nous, et c'est pour cela que je n'ai pas insisté sur les perquisitions forcées,
» ainsi que cela s'est toujours fait en pareilles circonstances. Nous ne vous
» demanderons plus rien. Je ne peux accepter votre démission, ni votre mise en
» disponibilité, et je compte assez sur votre dévouement au pays pour que
» vous continuiez à exercer votre commandement. »

Mais le maréchal conservait une dent contre Coffinières, car, dans sa réponse au conseil municipal, il avait reconnu le gouvernement de la défense nationale. La faute était trop forte pour qu'elle pût lui être pardonnée.

Le 14, à deux heures après-midi, dans le but d'enrayer le bruit qui se produisait en ville, les gardes nationaux eurent le loisir de s'assembler sur la place d'Armes, pour entendre, de la bouche de leurs officiers supérieurs, la communication que l'autorité militaire consentait à ce que le service des portes de la ville et celui d'une demi batterie des forts se fissent conjointement avec l'armée, dès le soir même, et qu'il ne pouvait s'agir de capitulation de la part du maréchal. A ce moment, plusieurs citoyens, aux applaudissements de tous, déposèrent une couronne d'immortelles sur la tête de la statue de Fabert, monument de bronze érigé sur notre vieille place municipale, comme un exemple de fidélité, de bravoure et d'honneur. Un drapeau fut placé dans la main de ce grand guerrier qui porta toujours si haut l'étendard de la France, de ce maréchal qui, loin de tout secours, vendit son argenterie pour payer les soldats, de cet illustre général, enfant de Metz, qui couronna toutes ses nobles œuvres, en adressant à Louis XIV, ces sublimes paroles, que l'Histoire a conservées et qui sont reproduites sur le socle de sa statue :

Si, pour empêcher qu'une place
Que le Roi m'a confiée,
Ne tombât au pouvoir de l'ennemi,
Il fallait mettre à la brèche
Ma personne, ma famille et tout mon bien,
Je ne balancerais pas un moment à le faire.

Le soir du même jour, a été signée, à l'hôtel-de-ville, l'adresse ci-dessous à l'armée sous les ordres de Bazaine :

« A NOS FRÈRES DE L'ARMÉE,

» Les citoyens et gardes nationaux de la ville de Metz, inspirés par les nobles résolutions du conseil municipal, viennent vous offrir leur concours pour défendre l'indépendance de la patrie menacée. Ils sont convaincus que vous accueillerez avec bonheur cette démarche, et que vous résisterez avec nous à toute idée de capitulation.

» L'honneur de la France et du drapeau, que vous avez toujours défendu avec une invincible vaillance, la gloire de notre Cité, vierge de toute souillure, nos obligations envers la postérité, nous imposent l'impérieux devoir de mourir plutôt que de renoncer à l'intégrité de notre territoire.

» Nous verserons avec vous la dernière goutte de notre sang, nous partatagerons avec vous le dernier morceau de pain.

» Levons-nous comme un seul homme, la victoire est à nous.

» Vivent nos Frères de l'Armée ! Vive la France Une et Indivisible ! »

Il a été impossible de faire imprimer régulièrement cette adresse fraternelle, et il a été très-difficile d'en faire pénétrer des exemplaires manuscrits dans les camps.

Le 15, vers deux heures du matin, nos postes d'observation perçurent, dans le lointain, vers le sud-ouest de la ville, le bruit d'une forte canonnade, à laquelle, dans le jour, s'est mêlée, par intervalles, une vive fusillade. Le canon se faisant toujours entendre dans la même direction, dans la matinée du lendemain, la plus grande partie de la population messine, frémissante d'espoir, réclamait l'envoi immédiat de forces suffisantes pour reconnaître, sans s'aventurer, la cause de ces retentissements. Ce n'étaient point des troupes de Bazaine qui étaient engagées, car l'armée campée sous nos remparts n'avait fait aucun mouvement depuis le 7. Cette canonnade eut le mérite de préoccuper tout le monde dans le peuple comme parmi les troupes.

On tenait à savoir la vérité. Le maréchal resta impassible. Quelques jours plus tard, on parla de ces détonations dans une assemblée du conseil de guerre, il répondit qu'elles venaient du côté de Thionville, que le tir de nuit indiquait une attaque de place, et que par conséquent il n'y avait pas eu lieu de tenter une opération.

Alors que tout ce qui nous gouvernait inspirait de la défiance, la garde nationale sédentaire réclamait, par ses chefs, d'être commandée par un bras et une volonté énergiques. Quelques personnes instruites que le général Changarnier, dépourvu de commandement, s'était exprimé catégoriquement contre toute idée de faiblesse, proposèrent de le placer à la tête des légions. Il y eut bien des observations, à cause de son caractère versatile, comme homme politique; mais on le savait soldat brave et capable, et ayant suppporté sa disgrâce de 1852, avec courage et dignité. De plus, en ne considérant que la guerre présente, on avait été témoin de ce fait significatif : le 31 août, lorsqu'il suivait en amateur les mouvements du 3e corps, il avait fait sonner la charge, impatienté de l'inaction de Bazaine, après la destruction des batteries prussiennes. Son tact et l'enlèvement rapide de plusieurs villages, dans lesquels l'ennemi s'était retranché solidement, qui en avait été la conséquence, avaient disposé on ne peut plus favorablement, les esprits en faveur du général. Chez Changarnier, le grand âge n'avait pas encore dompté l'énergie, et sa réputation brillante pouvait entraîner, à un moment donné, tous ceux qui, dans la ville et dans l'armée, rongeaient à contre-cœur leur frein et s'indignaient de l'immobilité relative, à laquelle ils étaient forcément condamnés. A la suite d'une réunion tenue à l'hôtel-de-ville, quatre citoyens furent désignés pour se rendre auprès du général qui se trouvait à Saint-Julien-lès-Metz.

Malheureusement, Changarnier, trompé sur le motif de la démarche, indisposa les délégués, [1] surtout par un éloge

[1] Voici le procès-verbal, rédigé le lendemain de la visite, par M. Limbourg, avocat, qui connaissait le général Changarnier, et qui était accompagné de MM. Goussin, chef d'escadron d'artillerie, Millet, officier de la même arme et Freschard, capitaine d'état-major, tous trois de la garde nationale sédentaire.

« ... Le général, que j'avais pris à part pour lui indiquer le but de notre visite, après m'avoir dit qu'il était extrêmement flatté de la démarche, le répéta à MM. Goussin, Freschard et Millet introduits. Il ajouta que, soldat avant tout, il considérait l'obéissance au commandant de l'armée comme son premier devoir; que, pour cette raison, il ne voulait pas répondre à

intempestif du maréchal Bazaine qu'il devait juger lui-même si sévèrement plus tard. [1]

notre demande, avant de l'avoir soumise au maréchal Bazaine et d'avoir son assentiment ; qu'il était convaincu qu'il ne pouvait entrer dans le cœur d'un soldat français comme le maréchal rien que de noble et de loyal, et que dans cette persuasion il le suivrait où il conduirait l'armée ; que le rôle de la garde nationale étant surtout de veiller à la sécurité de la ville et des remparts, lui, général Changarnier, préférerait, s'il ne consultait que ses sympathies, un poste plus actif ; mais que si le maréchal Bazaine lui donnait la tâche de nous commander, malgré certaines considérations personnelles, il la remplirait, et que son premier soin serait de nous conduire à Ladonchamps, pour y relever le bataillon de ligne placé aux avant-postes ; qu'il ne pouvait donc pas répondre immédiatement à notre demande, et qu'il y réfléchirait. Le général a encore ajouté qu'on avait vu avec peine, dans l'armée, certaines demandes qui avaient été faites pour le service des pièces d'artillerie dans les forts et des portes de la ville, ainsi que les manifestations bruyantes qui s'étaient produites, pendant ces derniers jours, au sujet d'un chef d'armée dont, jusqu'à preuve contraire, il n'est permis à personne de suspecter la loyauté, et que, sous ses ordres, si elle y était placée, la garde nationale ne devrait pas oublier que son rôle était aussi d'observer et de faire régner le calme qui annonce les persistantes résolutions.

» Nous avons immédiatement répondu que nous étions très-heureux que les derniers mots du général nous permissent d'affirmer une fois de plus les sentiments de la garde nationale en rectifiant l'impression qu'on paraissait en avoir conçu dans l'armée ; que la demande relative au service de deux pièces d'artillerie dans les forts et des portes de la ville, n'avait été inspiré que par le désir que nous avions tous de nous rendre utiles et aptes à défendre utilement notre ville et notre pays ; que, du reste, l'une des considérations qui avaient provoqué notre démarche auprès du général Changarnier était précisément le désir de créer par la présence à notre tête d'un aussi glorieux soldat, un lien de plus entre l'armée et nous ; que pour ce qui était des sentiments dévoués et valeureux de l'armée, nous tenions à cœur de les partager tous, et que si, pour mériter l'honneur d'avoir à notre tête le général Changarnier, il ne fallait que lui fournir un bataillon pour marcher à Ladonchamps, ce n'est pas un bataillon seul qu'il trouverait, mais bien toute la garde nationale qui le suivrait. Que si nous lui demandions de nous conduire, c'est précisément parce que nous savions où il nous conduirait ; qu'il pouvait faire part au maréchal Bazaine de ces dispositions où nous sommes tous, et que, dans cette situation, nous ne pouvions qu'attendre respectueusement sa réponse.

« Après des phrases échangées ensuite sur le départ prochain de l'armée et ses conséquences, on se sépara. »

[1] Depuis la capitulation.

Après les énergiques et touchantes déclarations du conseil municipal et des gardes nationaux, qui venaient d'être suivies si malencontreusement du refus d'éclairer les citoyens sur la lutte qu'on supposait s'être engagée le 15, entre des troupes de secours et les Prussiens, un cri de résistance à mort retentit plus vivement que jamais par toute la ville. Il trouva écho jusque chez les femmes de toutes les conditions. Deux d'entre elles appartenant à des familles de simples ouvriers, exposèrent publiquement, en fort bons termes et par des considérations de l'ordre le plus élevé, que le devoir leur incombait aussi de s'opposer, par une attitude virile, aux entreprises de l'étranger.

L'état-major du maréchal a fait répandre les nouvelles ci-après :
Selon la déposition de prisonniers reçue par le commandant en chef de l'armée du Rhin, le 16, il résulte que le cercle d'investissement de la rive droite et de la rive gauche de la Moselle, autour de Metz, comprend six corps entiers d'armée placés sur trois lignes, formant une triple chaîne derrière laquelle se trouvent de nombreux régiments de *Landwer*, organisés en division.[1] Voici, à cette date, un résumé succinct des ouvrages d'une importance réelle, que l'armée allemande avait construits.[2] Sur la route de Verdun, de fortes batteries ont été élevées à l'auberge de Leipsick. Des redoutes défendent, du côté de Gravelotte, les abords de l'ancienne voie romaine; de véritables fortifications ont été établies devant le cimetière de Vernéville. Sur la route de Nancy, les batteries d'Orly et de Jussy forment une première ligne de feu convergents, soutenus en arrière par les ruines, réparées pour la circonstance, du vieux château de Saint-Blaise, dominant à la fois les bassins de la Seille et

---

[1] Des officiers supérieurs, d'un caractère très-sérieux, ont douté que cet investissement eût été, en réalité, aussi redoutable. Les chiffres des corps de l'armée assiégeante, d'ailleurs, ont beaucoup varié, on l'a su pertinemment.

[2] L'inertie et la torpeur du général en chef qui s'était laissé acculer sous Metz, avaient favorisé prodigieusement l'établissement de ces ouvrages qui, au reste, étaient loin d'avoir la valeur stratégique qu'on leur a attribué, et pour cause!

de la Moselle. Une redoute couronne le confluent du Rupt-de-Mad. Sur la route de Nomeny, les batteries de la ferme de Saint-Thiébault commandent avec celles de Saint-Blaise, toute la vallée de la Seille ; la côte de Pouilly est également hérissée de canons. Sur la route de Strasbourg, la montée de Mécleuves présente une position presqu'inexpugnable. Les hauteurs de Sainte-Barbe ont été couronnées de tranchées, de redoutes s'étendant entre Noisseville, Nouilly, Servigny, Méchy, Charly et Vany, et commandant les deux routes de Boulay et de Bouzonville. Les batteries d'Argancy surveillent le cours de la Moselle ; elles sont reliées par une vaste tranchée à un solide retranchement construit en avant de Maizières pour couper la route de Thionville, à l'aide des batteries de Fremécourt et de Marange. Le village de Richemont à mi-côte est garni d'ouvrages pour empêcher le passage de l'Orne et garder le chenal du moulin. Le ravin de Saulny est fortifié, une formidable redoute s'élève sur la côte de la colline dominant la vallée de la Moselle et celle de l'Orne. Des travaux ont été également exécutés entre Valleroy et le moulin d'Auboué, pour intercepter la route de Briey.

Cependant le vœu général de l'armée de Bazaine était d'aller à l'ennemi. Soldats et citoyens voulaient tous chasser l'étranger. Des officiers de tous grades, frappés du manque de détermination du maréchal et mus par le sentiment national, avaient transmis des plans de dégagement ou indiqué les précautions indispensables pour prolonger la résistance. Pas plus qu'il n'avait voulu tirer bon parti de la belle position de Metz, Bazaine ne tint compte d'aucun des plans patriotiques qui lui parvinrent, successivement modifiés suivant les changements de circonstance et la réduction des ressources. Il était tout entier au rôle politique, maudit par tous les gens sensés et honnêtes, qu'il entendait jouer, continuant à sacrifier une armée toute organisée et une ville dont la conservation aurait permis d'infliger à l'ennemi un désastre qui l'aurait complètement perdu.

La question des vivres était devenue capitale dans Metz et dans les communes suburbaines. A partir du 16, il n'a plus été fabriqué en ville qu'une seule sorte de pain de boulanger confectionnée avec une farine composée de toutes les parties de blé (farine et son), à raison d'un prix taxé de vente de 45 centimes le kilogramme. La ration journalière pour chaque habitant ou résidant temporaire, a été fixée, savoir : à 400 grammes pour les adultes ; à 200 grammes pour les enfants de 4 à 12 ans ; à 100 grammes pour les enfants d'un an à 4 ans. Ces rations ont été délivrées, chez les boulangers, sur la présentation d'une carte portant le timbre de la mairie et indiquant, avec le nom du boulanger, le nom du rationnaire ainsi que la quantité de rations à lui attribuée. Il fut interdit rigoureusement de délivrer une quantité supérieure à celle indiquée. Ce qui a été bien pénible pour nombre de bourgeois qui voyaient les soldats mendier un morceau de pain dans la ville. [1]

Les Prussiens, dans la seule fin de fournir un nouvel aliment à la famine, ont refoulé inopinément jusque sous les canons des forts extérieurs les populations de plusieurs villages.

Sur des observations fort graves faites par des habitants parfaitement renseignés et qui avaient acquis personnellement la certitude que l'armée avait des réserves, particulièrement dans le 3e et le 6e corps, le conseil communal s'émut d'autant plus avec raison que le 17 au matin, le général Coffinières avait proposé de réduire à 300 grammes la ration de pain de chaque adulte.

Ce même jour, le général Boyer fut de retour au quartier général de Bazaine. Aussitôt d'étranges rumeurs se répandirent dans le camp et dans la ville. Le maréchal parlait de la société française menacée et concluait qu'à l'armée de Metz seule revenait le rôle de la sauver. Le chancelier de la Confédération du Nord ne s'opposait pas à ce que le commandant en chef de l'armée du Rhin et ses troupes reconstituassent un gouvernement. Pour lui, il déclarait alors que

---

[1] Il ne se passait point de jour qu'on ne vît tomber de faiblesse quelques-uns d'eux dans la rue.

Un grand nombre achetaient, dans les derniers temps, des dragées. Ce petit commerce devint si fructueux que des marchandes de toutes sortes de provisions de confiserie s'installèrent près des campements.

le seul gouvernement de la France, était toujours celui du plébiscite du 8 mai 1870, le seul légal, le seul qu'il reconnût. Boyer, fidèle serviteur de son maître, s'était laissé aisément duper ; il n'avait pas su être sur ses gardes. . .

Après avoir délibéré sur la question alimentaire, le Conseil municipal arrêta cette décision :

« Considérant que, sur la représentation d'une lettre de M. le Général commandant supérieur, en date du 13 octobre dernier, annonçant « que les magasins militaires sont complétement vidés aujourd'hui même », et demandant, en conséquence, à la ville de Metz « de venir en aide à l'armée par la fourniture quotidienne de 160,000 rations, soit environ 480 sacs de blé, » le conseil a, conformément à cette réquisition, mis à la disposition de l'autorité militaire la quantité indiquée par M. le Général ; — considérant qu'il paraît résulter aujourd'hui, de renseignements nouveaux, que certains corps d'armée ont encore des approvisionnements importants ; — considérant, dès lors, qu'il y a lieu, pour le conseil, d'appeler sur ce fait l'attention de M. le Général commandant supérieur ; — Décide qu'il sera demandé à M. le Général de vouloir bien ordonner : « Que la sortie des grains et des farines soit absolument interdite de la ville, sous la réserve néanmoins des quantités nécessaires aux communes suburbaines, [1] et que l'intégralité des approvisionnements soit réservée exclusivement aux besoins de la place et de la population, et de vouloir bien, en même temps, demander à M. le Maréchal commandant en chef qu'il soit établi un inventaire des ressources en subsistances des divers corps d'armée et de la place, pour arriver, s'il y a lieu, à la restitution des approvisionnements qui ont été fournis par la ville et même, au besoin, au partage de ceux de l'armée, conformément au principe que l'autorité militaire a posé elle-même dans sa lettre du 13 octobre. »

A compter du 18, le même conseil s'est réuni tous les jours à l'hôtel-de-ville, à quatre heures après-midi.

[1] Voir *suprà*, page 47, ligne 21, p. 64, l. 7.

Par ordre pris à cette date, les portes de Metz ont été ouvertes à 7 heures du matin, et fermées à 4 heures du soir. Les barrières des portails du Pont-des-Morts et du Pontiffroy ont été closes le soir, à 7 heures.

Ce jour, le conseil de guerre se réunit au grand quartier général du Ban-Saint-Martin, pour entendre le rapport du général Boyer. La discussion fut très-animée.[1] Le conseil décida que les commandants de corps d'armée feraient des ouvertures à leurs généraux de division,[2] et que le général Boyer partirait pour Hastings où se trouvait l'ex-impératrice.

Une concession de 80,000 rations de pain à 300 grammes fut encore obtenue du général commandant supérieur de la place, dans cette circonstance.

Par arrêté du 3 septembre, le *Moniteur de la Moselle, journal administratif et politique*, avait été suspendu pour huit jours. Le 15 du même mois, l'Administration de cette feuille avait informé ses abonnés qu'elle ne paraîtrait plus pendant la crise. Le 18, a été imprimé, chez M. Victor Maline, le premier numéro de la reprise de ses publications. Dans l'article de tête, le nouveau gérant, M. C. Collignon,[3] avertit que le concours du Journal est acquis « à tout gouvernement national qui, constitué régulièrement, s'appuiera sur l'ordre, le droit et la liberté. »

Le 19, la ration entière de pain a été réduite à 300 grammes, la demi-ration à 200 grammes et le quart de ration à 100 grammes.

Pendant qu'on continuait à tromper les citoyens, les chefs

---

[1] Tous les renseignements exposés, comme compte de sa mission, par le premier aide-de-camp de Bazaine, émanaient exclusivement de source étrangère. Il n'avait rien vu, rien jugé par lui-même.

[2] On ne pouvait guère ne pas consulter ceux-ci. D'ailleurs, par eux, on connaîtrait mieux si les différents chefs de corps seraient prêts à suivre le mouvement que le maréchal préparait; puis ces derniers seraient chargés d'en entretenir leurs officiers séparément dans chaque régiment ou service.

[3] Ancien principal du collége de Verdun, officier de l'instruction publique et membre de l'Académie de Metz.

de corps, dont on s'efforçait à faire des prétoriens, adressaient verbalement à leurs officiers cette communication ténébreuse : [1]

« Les approvisionnements de la place diminuent de plus en plus, le maréchal a cru devoir entrer en négociations avec l'ennemi. Il a désigné le général Boyer, son premier aide de camp, qui s'est rendu à Versailles, au quartier général du roi Guillaume. L'empressement avec lequel l'envoyé du maréchal a été reçu, semble prouver que les Prussiens sont très-désireux de terminer la guerre. Il s'est trouvé en présence d'un conseil nombreux. Sa mission exposée, M. de Bismarck a opiné pour que l'armée de Metz pût se retirer dans un point désigné du territoire français, afin d'y protéger les délibérations nécessaires pour assurer la paix. Cette idée était suggérée au président du conseil des ministres de Prusse par les difficultés que faisait naître pour le gouvernement de sa nation lui-même, l'absence de tout gouvernement en France. En effet les renseignements recueillis par le général Boyer le long de la route auprès des chefs de gares et auprès de diverses personnes, les journaux qu'il a pu rapporter, ne laissent malheureusement aucun doute cet à égard :

L'anarchie la plus complète règne actuellement en France. Paris investi, affamé et sans communication extérieure, doit s'ouvrir aux Prussiens dans très-peu de jours ; la discorde civile y paralyse la défense ; les membres du comité de la défense nationale ont été débordés. Gambetta et de Kératry sont partis en ballon, l'un est venu tomber à Amiens, l'autre à Bar-le-Duc. Aucune puissance monarchique ne veut reconnaître le gouvernement qui s'est improvisé ; les élections n'auront pas lieu parce que le résultat serait favorable à l'Empire. Le désordre est au comble dans le midi de la France. Le drapeau rouge flotte à Lyon, à

---

[1] La note fut rédigée immédiatement par quelques officiers qui s'étaient réunis pour contrôler entre eux leurs souvenirs. Ils en ont attesté l'exactitude à plusieurs personnes notables de Metz et en particulier au gérant de l'*Indépendant de la Moselle*, qui l'a insérée, malgré la censure, dans le n° du samedi 29 octobre 1870. A cette dernière date et par cette voie seulement, le public en eut connaissance.

Marseille, à Bordeaux. Une armée de volontaires bretons a été détruite du côté d'Orléans. La Normandie parcourue par une bande de brigands, a appelé les Prussiens pour rétablir l'ordre. Le Hâvre, Elbœuf, Rouen ont actuellement des garnisons prussiennes qui concourent avec la garde nationale, à sauvegarder la sécurité publique. Un mouvement d'un caractère religieux a éclaté en Vendée ; le Nord désire ardemment la paix. La Prusse réclame la Lorraine et l'Alsace et plusieurs milliards d'indemnité de guerre. L'Italie réclame la Savoie, Nice et la Corse. Cette anarchie, le gouvernement provisoire étant dispersé, les différentes villes ne s'accordant pas quant à la forme d'un gouvernement nouveau, les d'Orléans ne s'étant pas présentés, cette anarchie cause au gouvernement prussien, disposé à traiter de la paix, des difficultés imprévues. Il ne peut songer à établir des bases de négociations qu'en s'adressant au gouvernement de fait qui existait avant le 1er septembre, c'est-à-dire à la Régence. On ignore encore, si, dans les circonstances actuelles, la Régente voudra prêter l'oreille à des propositions pacifiques. Mais, en cas de refus, on ne pourrait l'adresser qu'à la chambre des députés issue du suffrage universel et qui représente encore légalement la nation. Toutefois, pour que le corps législatif qui a siégé jusqu'au 1er septembre, puisse se réunir de nouveau et délibérer, il faut qu'il soit protégé par une armée française. Tel est le rôle qu'aura sans doute à remplir l'armée de Metz. En attendant le retour du général Boyer reparti pour Versailles avec de nouveaux pouvoirs, il est urgent de faire savoir aux troupes que la situation pénible où nous nous trouvons, n'est que transitoire. L'armée sépare sa cause de celle de la ville de Metz.[1] En attendant qu'elle puisse partir pour aller remplir une nouvelle mission patriotique, elle saura supporter courageusement encore quelques jours de privation.

« Si vous avez, Messieurs, quelques explications nouvelles à

---

[1] Quelle belle occasion avait Coffinières de maintenir l'indépendance de la place et d'assurer désormais sa liberté d'action. Il l'avait reconnu spontanément en public, comme nous l'avons dit à l'ordre chronologique de ce récit.

demander, je m'empresserai de vous les donner; mais je dois vous dire qu'aucune discussion ne saurait être admise, » ainsi a terminé chaque chef de corps ou de service.

Après cette allocution, écoutée avec le plus profond silence, de même que la lettre du commandant en chef, la séance fut levée. [1]

Le maréchal avait complété ses déclarations aux généraux de la manière suivante :

« Si la Régente donne son acquiescement aux propositons de paix, elle sera représentée par le maréchal Bazaine. [2]

« L'armée ne touchera pas de vivres demain, et après-demain, on lui donnera du vin et de la viande.

« On engage le troupier à ne pas crier.

« Dans trois jours l'armée française quittera Metz, avec le consentement des Prussiens, pour aller rétablir l'ordre en France. [3]

« On demande aux chefs de corps de faire de nombreuses propositions pour la croix et la médaille.

« Les officiers toucheront la solde du mois de novembre. » [4]

Dans une nouvelle réunion du conseil de guerre du 19, fut constaté le résultat des ouvertures faites par les commandants des corps d'armée à leurs généraux respectifs. Le départ immédiat du général Boyer eut lieu, d'abord pour Versailles, ensuite pour l'Angleterre. Il était porteur d'un projet de traité approuvé par

---

[1] La reproduction de cette note a été faite dans la gazette allemande, *Staatsbürger-Zeitag*.

[2] Cette prase a confirmé le sentiment de plusieurs que l'*Homme du Mexique* avait trahi l'Empereur pour rester seul et se faire gloire à lui-même.

[3] Bazaine avait cessé d'être en travail : il avait cru trouver enfin la combinaison politique qui devait faire de lui le dictateur du pays, sous la protection des baïonnettes étrangères.

[4] Ces communications conservèrent un caractère exclusivement militaire. L'Administration municipale de Metz a été laissée dans l'ignorance la plus complète de faits aussi graves, en dépit de la promesse qui avait été jurée de ne rien cacher à la ville de ce qu'on pouvait apprendre à l'armée.

l'ex-empereur et dont voici les bases : Cession de Strasbourg et d'une partie de l'Alsace ; démantèlement de Metz ; abdication de Napoléon III et régence de l'Impératrice.[1] Bazaine y avait donné son adhésion ; mais avait stipulé pour lui-même des pouvoirs très-étendus et de telle nature que la régence ou plutôt la dictature lui eût appartenu en réalité bien plus qu'à l'impératrice.

Celle-ci viendrait avec son fils se placer au milieu de l'armée. Une forteresse du nord serait alors le siège du gouvernement. Là seraient aussitôt mandés le Sénat et le Corps législatif. De cette manière serait constitué un conseil de Régence.[2]

Ce que demandait d'accomplir la ville de Metz à cette heure, c'était une pensée ferme et une résolution énergique. Ni l'une, ni l'autre ne lui furent laissées. Des discussions confuses étaient engagées de toutes parts. Une grande agitation s'en suivit dans la population,[3] tandis que dans l'armée, il y eut toujours de nouveaux embarras.

---

[1] Une femme incapable et un enfant maladif en échange d'un César sénile.

[2] Le traité devait être ratifié par le Sénat et le Corps législatif qui auraient été convoqués par la Régente à Amiens.

L'armée du Rhin devait sortir de Metz avec armes et bagages, sous la condition de ne pas servir contre l'Allemagne, pendant trois mois, dans le cas où les Chambres n'auraient pas ratifié le traité de paix.

Bazaine et son armée protégeraient leur réunion à Amiens et rétabliraient l'ordre à Lyon, etc.

Malgré l'armistice, l'armée allemande aurait investi la capitale de la France, jusqu'à ce qu'elle se rendît.

[3] Quoiqu'on s'occupât peu de politique à Metz, où la question de résistance absorbait toutes les autres, on était fortement impressionné de l'obstination que Bazaine montrait à reconnaître l'ex-impératrice régente et représentant encore le gouvernement du droit.

Quelques personnes bien intentionnées prétendaient savoir que, dans une réunion récente du conseil de guerre, il avait été résolu que le maréchal ne saurait accepter aucune délégation pour signer les bases d'un traité impliquant une question étrangère à l'armée, *celle-ci devant rester en dehors de toute négociation politique.*

Comme diversion, nous eumes de nouvelles scènes de dévastation.

Dans la nuit du 19 au 20, quelques soldats prussiens sont revenus à Peltre et ont livré à l'incendie l'église qui a été réduite en cendres.

Dans la même nuit, l'ennemi s'étant approché en petit nombre et sans bruit, de la ferme des grandes Tapes, essaya d'y mettre le feu. Le commencement d'incendie ne prit pas de développement.

Des possesseurs de propriétés situées dans les deux zones militaires, ont signalé aux autorités la perte nouvelle à celles qui leur avaient été imposées, sans utilité, au nom des nécessités de la défense, résultant des faits de déprédation commis journellement par des maraudeurs militaires ou civils. Ils ont réclamé à juste titre une répression sévère. Ces plaintes ne furent point écoutées.

La misère devenait très-grande dans la classe ouvrière: l'Administration municipale avait adopté d'organiser avec le concours du bureau de bienfaisance, des distributions de bouillon de viande. Elle fut contrainte de renoncer à cette idée, sur l'avertissement du général Coffinières que les chevaux à livrer allaient manquer très-prochainement. [1]

A cette époque, les denrées alimentaires qu'il était possible de découvrir, n'avaient plus de prix pour ainsi dire. Le sel était monté à 16 francs le kilogramme; le sucre à 12 et 14 fr. Les officiers enlevaient chaque jour, dès leur entrée en ville, presque au poids de l'or [2] et à l'envi, tous les objets de consommation qui paraissaient aux marchés et aux boutiques. L'âpreté excessive de quelques spéculateurs a été vertement flétrie par la majorité des marchands, quand elle n'a pu être atteinte par la justice. Le commerce de bouche et les hôteliers ont, en quelques mois, gagné un argent considérable.

---

[1] Cet avis donné brusquement qu'il ne restait absolument plus rien pour l'alimentation des chevaux, après qu'on avait vu gaspiller des fourrages, causa une émotion profonde.

[2] On a lu plus haut que la solde du mois de novembre avait été versée aux officiers.

La population, de plus en plus anxieuse, sans s'arrêter aux bruits les plus contradictoires, les plus insensés même, circulant dans la ville et aux camps, attendait encore, malgré des protestations respectueuses et fréquemment réitérées, une proclamation, un ordre du jour ou un communiqué quelconque pour donner les nouvelles du dehors et de nature à expliquer la situation.[1]

Une trêve de fait était comme dénoncée par le silence des forts et l'état paisible des avant-postes. L'armée ne pensait plus ; elle avait faim.

Le 22, le commandant supérieur de la place présida la séance du conseil municipal auquel il voulait, a-t-il dit, exposer nettement, au point de vue de l'alimentation, la situation de la ville. Il annonça la signification que le maréchal lui avait faite qu'il ne donnerait plus de viande de cheval à la place, et la cessation, dans un très-petit nombre de jours, de toute distribution de pain à la garnison et aux habitants.

Et ce jour, un marchand de grains avait menacé de se plaindre publiquement si l'on ne faisait pas usage de ses approvisionnements.

Tout, dans les événements qui se sont passés autour de notre malheureuse ville, était faux, jusqu'à la famine qu'on y avait artificiellement, sinon créée, du moins considérablement exagérée et qu'on avait eu soin surtout de préparer...

Des citoyens exprimèrent hautement leur surprise que l'Administration municipale n'eût pas été renseignée plus tôt ; — que dès le blocus, l'autorité militaire n'eût pas accepté l'entrée dans les magasins, des provisions offertes par des cultivateurs des environs de Metz, à défaut d'avoir eu l'initiative, dans la semaine entière qui précéda le 16 août, d'assurer le nécessaire, et même au delà ; — qu'on n'eût point ménagé la masse des subsistances qui existaient dans

---

[1] Il n'y eut pas d'autre placard apposé sur les murs qu'un ordre du 21, réglant l'ouverture de la porte du Saulcy, le soir, de 5 heures à 5 heures et demie, et de 8 heures à 8 heures et demie, et de la porte Chambière, de 5 heures à 5 heures et demie. Cet ordre a modifié celui du 18, relativement aux barrières intérieures du Pont-des-Morts et du Pontiffroy, qui sont restées ouvertes de 6 heures du matin à 8 heures du soir.

l'intérieur de la place, pour en prolonger la conservation ; — qu'une commission mixte des vivres n'eût point été constituée, aussitôt l'investissement de Metz ; — que l'armée active ait été comme immobilisée ; — que l'arrêté d'expulsion relatif aux étrangers d'origine ennemie, ait subi de si nombreuses exceptions ; — que la cavalerie considérable que comptait l'armée, soit demeurée parquée en quelque sorte sous les murs, au lieu de chercher à se maintenir dans des localités pourvues de fourrages, telles que Maizières, Ars-sur-Moselle, Magny, etc ; — qu'on fût privé de tout renseignement sur l'espoir de l'arrivée de troupes de secours ; — que jamais on n'eût réussi à obtenir des explications sur la véritable situation, soit de Coffinières, soit de Bazaine, etc...

Tous ces dires, plus ou moins fondés, ont été émis sans récrimination extraordinaire, tant nous restions persuadés encore que nous ne pouvions être que momentanément accablés par la rapidité des coups portés par l'innombrable armée allemande à un peuple qui n'était ni disposé à faire la guerre, ni préparé à l'entreprendre.

Lorsque l'aveu déplorable fait au conseil de la commune par le général Coffinières parvint à la connaissance du peuple, il ne se découragea point, manifestant sa résolution toujours énergique de résister et de conserver à la France son principal boulevard, afin que le nouveau gouvernement pût signer, le front haut, une paix durable et positive.

Le bruit se répandit en ville, sur les entrefaites, que notre artillerie de Ladonchamps et les avant-postes étaient rentrés et que les officiers des détachements prussiens étaient venus se présenter librement aux nôtres, leur déclarant qu'ils se retiraient à Maizières et offrant de se charger des lettres personnelles qu'ils auraient le désir de faire parvenir à leurs familles. A cette rumeur si étrange, se joignit un dire plus invraisemblable que les commandants des forts avaient toujours eu l'ordre de faire tonner les canons une heure avant chaque sortie.[1] Ce qui, pour les assiégeants, signifiait

---

[1] Bien entendu, on ne tirait que du côté vers lequel nos troupes devaient s'avancer.
L'affirmation de ce fait a été donnée devant nous.

qu'ils devaient être sur leurs gardes et avoir leurs batteries armées. Quoiqu'on n'ajoutât point foi à ces bruits qu'il nous était de toute impossibilité de contrôler, l'agitation devint extrême dans Metz...

Mais, pour l'armée, le spectre de la capitulation apparaissait aux yeux de tous les clairvoyants. Quant aux soldats, ils ne pouvaient plus ne voir qu'une chose, c'est qu'une stagnation de plusieurs semaines dans la boue et dans la famine touchait à sa fin. C'est le terme de toutes les souffrances. Puis, on leur fait accroire qu'ils iront dans une ville du Nord, au pire en Algérie, qu'ils n'ont qu'à se préparer au départ, les honneurs de la guerre leur étant réservés. Les choses ainsi réglées, on passa la journée du 23 dans cette attente.

Le 24, à une heure de l'après-midi, le conseil de guerre était de nouveau réuni. Le maréchal fit connaître deux dépêches, annonçant l'une que l'Impératrice ne voulait pas s'occuper de traités[1], l'autre

---

[1] On assure que les conditions posées par Bazaine et que le général Boyer avait été chargé de porter à Versailles, y avaient été acceptées. Parti immédiatement pour l'Angleterre, il avait, à force d'obsessions, obtenu la signature de l'impératrice; mais elle s'était ravisée. *a* Son changement de résolution, après avoir signé le traité, aurait été motivé par la défiance que lui inspiraient le caractère du *Héros devant Metz*, son ambition bien connue et le soin qu'il avait eu de stipuler pour lui-même des pouvoirs excessifs. Elle aurait dit: « qu'elle venait de se déshonorer sans profit, car Bazaine ne tarderait pas à « la chasser de nouveau avec son fils pour garder seul le pouvoir tout « entier. » *b*

a Peu d'instants après avoir signé, il paraîtrait que l'ex-impératrice, apprenant que le général Boyer n'était pas encore parti, le manda auprès d'elle et le pria de lui faire voir l'original du traité, sous prétexte de le collationner avec la copie restée entre ses mains. Il ne le lui eut pas plutôt remis sous les yeux qu'elle s'en empara et le lacérant rapidement à l'endroit où elle avait apposé sa signature, elle congédia d'un geste impératif l'infortuné émissaire de Bazaine.

b Une personne sérieuse et en position d'être bien instruite, a dit, en notre présence, que l'ex-impératrice, au retour d'une visite à son époux, avait eu une entrevue avec le chef suprême de l'armée sous Metz, dans son quartier-général, grâce à un sauf-conduit tout spécial.

Nous n'affirmons rien au sujet de ces bruits.

que le chancelier de l'Allemagne déclarait péremptoirement que, dans ces conditions, il refusait son appui à toute convention, quelle qu'elle fût.

En conséquence, il était inutile de rien subordonner au retour du général Boyer et de prêter attention à la mission qui lui était dévolue. M. de Bismarck, excellent diplomate, avait triomphé pleinement...

A la même date était placardé l'arrêté ci-dessous : [1]

Ville de Metz.

SUBSISTANCES.

« Le général de division, commandant supérieur de la place,
» Considérant que l'armée ne peut plus fournir à la ville les chevaux nécessaires à l'alimentation des habitants ; qu'il est dès lors indispensable et urgent d'y pourvoir ;
» Arrête :
» Art. 1ᵉʳ Les chevaux existant tant dans l'intérieur de la ville [2] que dans les communes suburbaines comprises dans le blocus, sont mis en réquisition pour être affectés à l'alimentation des habitants.
» Art. 2. Une commission mixte composée de deux conseillers municipaux, d'un sous-intendant militaire et de deux officiers, sera chargée de désigner les chevaux qui seront successivement abattus et d'en fixer l'estimation. Les vendeurs recevront un récépissé qui établira leurs droits. [3]
» Metz, le 23 octobre 1870.
Signé : « F. COFFINIÈRES. »

[1] Cet arrêté fut rendu sur la demande du conseil de la cité au général commandant supérieur, tendant à ce qu'il prît une décision « requérant les chevaux des particuliers pour être mis, soit directement, soit par échange d'équivalents, *a* à la disposition des besoins de l'alimentation des habitants et de la garnison. »

[2] D'après un recensement récent, il y avait 1,400 chevaux.

[3] Il fallut plusieurs entretiens avec le général pour qu'il consentît à mettre à la charge de l'Etat, les différences à payer pour faire maintenir par les bouchers le tarif imposé.

a Une proposition avait été faite « d'aviser à échanger les chevaux de la ville contre ceux de l'armée, ou de faciliter ces échanges qui serviraient à la fois les besoins de transport dans l'armée et ceux de l'alimentation. »

L'armée ne recevait plus que du vin et du café, les souffrances physiques se trouvaient encore aggravées par des pluies continuelles. L'état de la population était on ne peut plus critique. Coffinières, malmené par les commandants des corps, au lieu de mettre à profit l'antagonisme qui existait entre la place et les troupes sous ses murs, grâce à Bazaine, et de chercher à regagner la confiance, de remplir son devoir, pour nous résumer, ne trouva pas d'autre moyen, devant ce péril extrême pour son honneur, que de renouveler l'offre de sa démission.

Jamais ce gouverneur n'eut intelligence de comprendre qu'il n'existait qu'une nécessité : celle de défendre sa responsabilité et de tenir réservé le sort de la place qui lui était confiée ; c'est la seule qu'il n'a pas écoutée.

Quelques-uns se complaisaient à penser qu'il ouvrirait enfin les yeux vis-à-vis de lui-même ; mais il fut complétement aveuglé à la réception de la dépêche suivante de Bazaine :

« Mon cher Général,

« Vous avez pris part, ce matin, au conseil des commandants de corps
» d'armée et des chefs supérieurs de service, que les circonstances m'ont fait
» réunir. Vous savez déjà qu'il a été reconnu unanimement que la place de
» Metz et l'armée étaient inséparables dans leurs intérêts comme dans leur
» sort. Malgré vos observations sur mes décisions antérieures qui séparaient
» les vivres de l'armée de ceux de la place, malgré vos réclamations sur les
» devoirs qui incombent à vos fonctions, [1] le conseil n'ayant égard qu'à la
» situation grave dans laquelle nous sommes placés, s'est prononcé énergi-
» quement pour la mise en commun des vivres encore existants, tant dans

---

[1] Raison de plus. Il fallait prendre acte de ces déclarations d'autant plus que vous avez prétendu, général Coffinières, que les avis postérieurs au 10 octobre 1870 du conseil de guerre de l'armée n'avaient point été lus et signés, et persévérer dans votre résistance, d'une manière à la fois digne et qui mit à couvert votre responsabilité. Vous auriez obtenu ainsi un résultat positif, honnête et d'une importance réelle, en outre que, devant l'histoire, vous auriez été payé au centuple ! Vous avez fait fi d'une population civile animée des sentiments les plus patriotiques et dirigée par un magistrat des plus honorables, aux éminentes qualités duquel vous avez dit, en plusieurs occasions, avoir été heureux de rendre hommage. Donc, à chacun sa peine !

» la place que dans l'armée. Cette opinion me paraissant juste et fondée,
» surtout en présence des souffrances et des privations qu'endure le soldat,
» je suis dans l'obligation de vous ordonner de mettre à la disposition de
» l'intendant général de l'armée, pour le service des troupes campées autour
» de Metz, les denrées qu'il vous demandera. Ce haut fonctionnaire a mission
» de s'assurer des quantités existantes dans les corps d'armée et dans la
» place, et d'en faire une répartition équitable entre tous, de manière à
» ce que toutes les troupes, qu'elles appartiennent à la place ou à l'armée,
» soient également pourvues. Vous voudrez bien assurer la stricte exécution
» des prescriptions de cette dépêche, dont vous m'accuserez réception. »

Le conseil de guerre, assemblé le 24, avait décidé que le général Changarnier serait prié de se rendre en parlementaire auprès du prince Frédéric-Charles, pour tâcher d'obtenir à l'armée le droit de se rendre en Algérie. Sa démarche fut vaine. Le maréchal Bazaine ordonna alors qu'une communication nouvelle, à raison des circonstances survenues, serait faite verbalement par les chefs de corps et de service aux officiers sous leurs ordres. Cette communication était conçue à peu près ainsi :

« La convention dite de Londres, voulant le rétablissement de la Régence de l'Impératrice, c'est-à-dire du gouvernement du 4 septembre, n'a pas abouti, pas plus que celle qui eût donné la liberté à l'armée du maréchal Bazaine, pour soutenir de ses armes, un gouvernement quelconque, reconnu et accepté par le peuple français.
» Le maréchal recevait, presque au même moment, une dépêche du général Boyer et de M. de Bismarck, lui annonçant l'avortement de ces combinaisons.
» A ces nouvelles qui détruisaient les espérances et les combinaisons du maréchal Bazaine, ce dernier convoqua immédiatement un conseil de guerre qui fut consulté sur les résolutions extrêmes que l'on devait prendre.
» A l'unanimité moins une voix *a*, le conseil décida que la capitulation était nécessaire.
» Le général Changarnier fut alors envoyé auprès du prince Frédéric-Charles, dont le quartier-général est à Ars-sur-Moselle, pour traiter des conditions d'une capitulation que l'on espérait au moins honorable pour une

---

a Celle du général Desvaux qui persista dans l'accomplissement du devoir écrit dans tous les codes militaires : la tentative d'un dernier effort pour sauver l'honneur des armes.

armée vaillante qui avait tenu les Prussiens en échec, depuis trois mois et demi, après les avoir plusieurs fois vaincus.

» Après un accueil affable et cordial fait au général par le prince, ce dernier lui déclara que ne faisant pas partie de l'armée active, il ne pouvait en aucune façon traiter avec lui des conditions de la capitulation ; que, dès lors, leur conversation ne devait prendre aucun tour politique, quel qu'il soit, et que, conséquemment elle devait se borner à des détails purs et simples sur les évènements locaux.

« C'est ainsi qu'il lui dit qu'il savait parfaitement que Metz n'avait plus que trois jours de vivres, et, lui montrant un train en gare, tout bardé de ravitaillements divers, il ajouta : « Voilà pour la ville de Metz et votre
» armée qui manque de tout, et nous voulons mettre un terme à vos
» souffrances. »

« Autre détail navrant : « Nous avons toujours su ce que vous faisiez
» et ce que vous vouliez faire, dit également le prince Frédéric...

« Le général Changarnier retourna près du maréchal qui renvoya auprès du prince le général de Cissey [1].

« Il résulta de cette nouvelle entrevue, ceci :

« Nous avons, en France, 1,200,000 hommes, fit le prince. En ce
» moment, une armée de 150,000 hommes est à Dijon, marchant sur Lyon.
» De même que Metz a été investi et pris par la famine, de même Paris
» succombera, de même Lyon. Nous ne détruisons aucune ville par bombar-
» dement ; nous irons à Marseille, s'il le faut, nous irons partout, partout. »

« Le général de Cissey [2] objectant que si l'armée capitule, ce n'est pas une raison pour que Metz se rende, S. A. a répondu :

« Avant la déclaration de guerre, nous connaissions aussi bien que vous, et
» dans les plus minutieux détails, l'état de défense de la ville. Alors les forts

---

[1] A quoi bon ? La mission de Changarnier devait causer déjà une assez pénible surprise.

[2] Ernest-Louis-Octave Courtot de Cissey, né à Paris le 23 décembre 1810, malgré ses rares services, sa vaillance, sa probité, son patriotisme, n'eut que le commandement d'une division du 4e corps, sous le général Ladmirault. Au moins, en cette circonstance, il ne releva que d'un honnête homme, d'un brave militaire.

Le 16 août, à Rezonville, journée de Gravelotte, il était parvenu à enfoncer complètement l'aile gauche de l'ennemi.

A Saint-Privat-la-Montagne, il eut deux chevaux tués sous lui.

Le 22 octobre, quand Bazaine avait fait part aux généraux ses ordres, de sa résolution de capituler, de Cissey s'était prononcé énergiquement pour que l'armée tentât de se frayer un passage à travers les lignes allemandes. Son plan consistait à réunir à la hâte les ressources dont pouvaient encore

« étaient à peine ébauchés et la ville ne pouvait opposer qu'une faible résis-
« tance. C'est depuis la présence de l'armée française sous Metz que cette
« ville est devenue ce qu'elle est aujourd'hui ; ce sont vos hommes qui ont
« achevé et armé les forts. Metz, devenue par votre fait une place de guerre
« de premier ordre, rentre comme conséquence dans toutes les conditions
« d'une capitulation qui confondra, à la fois et la ville et l'armée. C'est ainsi
« que nous le jugeons et que nous l'exigeons. »

Pour avoir négocié, quand il fallait se battre, on dut se résoudre à tout.

Pendant ces débats lamentables, la population virile n'avait pas cessé d'espérer que le succès demeurait attaché à la persévérance, convaincue intimement qu'elle était d'ailleurs de la fausseté des bruits malveillants relatifs à la discorde qui aurait envahi la France [1]. Un cri suprême s'est échappé de toutes les poitrines pour flétrir l'égoïsme, les lâchetés, les perfidies, les trahisons politiques seules capables d'enrayer la Défense Nationale et de laisser démembrer le sol du Pays. Ceci a été la noble réponse des Messins aux nouvelles et frauduleuses tentatives de les induire en erreur, pour amener leur ville à capituler... Tous les vrais citoyens sentaient bien les efforts prodigieux qu'un ennemi puissant et heureux poursuivait pour arracher, à tout prix, le poste confié à leur patriotisme. Aussi, pour satisfaire à leur propre conscience, ils redoublaient de civisme, n'ignorant point qu'à la guerre quelques jours gagnés peuvent changer la face des choses. Au reste, si la fatalité exigeait que la ville succombât à la famine et

disposer la ville et l'armée, à remettre à chaque soldat 180 cartouches et quatre jours de vivres, à réquisitionner dans la ville et sa banlieue tous les chevaux valides, à les atteler aux pièces, et à aborder, dans un suprême et énergique effort, l'armée d'investissement.

Ce plan ne fut pas adopté, on le pense bien. Le général de Cissey avait regagné Longeville, où était son campement, l'âme remplie de la douleur patriotique.

[1] On savait pertinemment par des officiers généraux alliés à des familles de Metz, qu'aucune nouvelle directe de Paris n'était parvenue au maréchal Bazaine.

aux maladies, il leur était du moins permis d'espérer qu'ils la défendraient assez longtemps pour que des secours arrivassent. En outre, dans l'état de la France, ils comprenaient bien l'effet moral qu'exercerait la capitulation de Metz ou une résistance héroïque.

Nombre de citoyens s'étaient émus des conseils de guerre tenus presque périodiquement par le maréchal Bazaine. Ils pressèrent surtout les édiles d'obtenir des explications promptes et sérieuses, lorsqu'ils apprirent, dans un lieu public, par un officier supérieur attaché de très-près à la personne du commandant en chef de l'armée, que, dans l'une de ces réunions militaires, on avait discuté la capitulation.

Le conseil municipal, se faisant l'interprète de la population, avait exprimé le vœu d'une demande adressée au général de la place, pour avoir, par son intermédiaire, sur la situation actuelle du pays et sur les négociations pendantes, des informations analogues à celles qui avait été données à l'armée. Le commandant supérieur se borna à répondre qu'il lui était impossible de donner des informations, *soit sur l'état actuel du pays, soit sur les négociations pendantes;* qu'au surplus, c'était au maréchal Bazaine qu'il convenait d'adresser une demande de cette nature [1]. Le conseil décida que la démarche serait faite directement auprès de ce dernier [2], et main-

---

[1] La réponse de Coffinières, datée du 25, est ainsi conçue :

« MONSIEUR LE MAIRE,

« Le Conseil municipal de Metz, dans sa séance du 23 courant, a
« exprimé le vœu qu'une démarche fût faite auprès de moi pour avoir, sur
« la situation actuelle du pays et sur les négociations pendantes, des
« informations analogues à celles qui ont été données à l'armée.

« Malgré mon désir de satisfaire le Conseil municipal, il m'est impos-
« sible de répondre à ces questions et vous comprendrez sans peine la
« réserve qui m'est imposée. — Ce n'est pas à moi que le Conseil doit
« adresser sa demande, mais bien à Monsieur le Maréchal, commandant en
« chef de l'armée. »

[2] Les mandataires de la Cité s'arrêtèrent aussitôt à cette résolution d'autant plus que Bazaine s'adressant aux habitants, s'était déclaré disposé à ne rien

tint qu'il ne voulait en rien engager sa responsabilité relativement aux négociations ou aux conventions militaires qui avaient pu déjà, malheureusement, intervenir entre le chef des troupes assiégeantes et le commandant de l'armée française.

Il n'y a, dans l'histoire, aucun exemple d'une situation aussi compliquée que celle où se trouvait alors Metz. Ainsi, le gouverneur de la place dépendait du général en chef de l'armée campée sous ses murs [1], les commandants des forts étaient sous la dépendance du commandant supérieur de Metz ; et, cependant, l'armée, la place, les forts avaient des moyens de résistance tout-à-fait indépendants.

Coffinières s'apercevait que le terme du funeste drame était très-prochain. Enfin il ressent intimement que son indolence est maintenant une faute qui entraîne après elle les plus terribles conséquences. A sa réponse : « C'est l'affaire du général en chef à proximité de Metz. « Adressez-vous à lui. » on devine l'attitude séparative qu'il prend désormais pour décharger sa responsabilité. Sa conscience se fait jour, malgré lui, et dénote évidemment que pour n'avoir pas rempli son premier droit, en qualité de gouverneur militaire d'une place mise en état de guerre et menacée d'un siége [2], il a été poussé à

leur cacher, et que, d'ailleurs, les communications diverses faites aux différents corps de l'armée et répandues dans la population, ne paraissaient pas concorder les unes avec les autres.

[1] Tous deux tenaient leur nomination directement de l'empereur et étaient personnellement comptables envers l'Etat d'une partie de la puissance militaire du pays. La première loi est celle du salut ; elle est au-dessus de tous les réglements ou décrets militaires. Bazaine et Coffinières étaient incapables de se rallier au sentiment patriotique qui devait dominer tous les autres sentiments, dans la position éminente que chacun d'eux occupait.

Celui-ci a fait profit de certains articles spéciaux des réglements pour tenir un langage bien différent selon son avantage et les circonstances.

[2] A raison de son titre et des qualités qui avaient dû nécessairement le recommander au choix de son maître, dès avant le mouvement de retraite de l'armée française, le général du génie Coffinières avait à pourvoir à deux objets essentiels : 1° l'armement de la place et des forts ; 2° l'approvisionnement de la ville, élément de premier ordre de défense.

prendre une part considérable dans un immense désastre. Son « Veuillez en référer au maréchal Bazaine. » est le prélude de récriminations...

Le 25, à l'absence de toute lumière morale vint se joindre une quasi-obscurité matérielle. Le gaz a été refusé à l'éclairage des maisons particulières et des établissements privés à partir de sept heures du soir, à cause de la diminution considérable du charbon de terre [1]. Le même motif faisait craindre qu'on fût empêché bientôt de faire marcher les locomobiles élevant l'eau de la Moselle, au bas du pont des Roches.

Les détails de la capitulation restaient à débattre avec le chef de l'état-major général prussien. Celui-ci (le général Stiehle) se trouvait le 25, à cinq heures du soir au château de Frescaty, où le maréchal Bazaine était invité à envoyer un officier général pour recevoir communication des conditions qui étaient imposées à l'armée française.

La Providence sembla quelques instants opposée à ce cataclysme humain; car, à six heures et demie du soir, une magnifique aurore boréale éclairait toute la ville. Mais, tout-à-coup, le temps qui, depuis une semaine, était exceptionnellement détestable, est devenu plus mauvais encore. La violence des bourrasques a été telle que des arbres énormes ont été déracinés et sont tombés, des toitures de maisons ont été complétement soulevées, des habitations entières ont été renversées [2]. Cet ouragan a duré plusieurs jours et nuits consécutifs, presque sans aucun répit. De mémoire d'homme on ne se rappelait pas avoir été témoin d'une tempête pareille et aussi continue. Ce qui a fait dire que tout pleurait: *les gens, les cœurs et les toits...*

---

[1] Déjà on avait fait la réquisition, dans l'intérêt public, d'une certaine quantité de houille qui se trouvait en dépôt au palais de Justice. Rien de plus juste alors que le gaz cessât d'être fourni aux maisons particulières, cercles et cafés.

[2] Des pignons de l'église et du couvent du Sacré-Cœur, à la Basse-Montigny, ont été fortement endommagés.

Le 26, au matin, Bazaine présidait son conseil de guerre, réclamant de lui, de prendre un parti définitif. Après avoir dépeint la plus lamentable situation, il obtint que le chef d'état-major, *Jarras*, serait envoyé au quartier du prince Frédéric-Charles, comme délégué par le conseil et muni de ses pleins pouvoirs, pour arrêter et signer une convention militaire [1], par laquelle l'armée française, vaincue par la famine, se constituerait prisonnière de guerre.

Notre malheur a été complet ! Il a fallu le subir dans l'excès de la douleur et dans l'impuissance du désespoir.

Nous voudrions ne pas entrer dans le détail relatif au dénouement de la tragédie de Metz. Mais il nous faut résumer au moins l'impression que produisit sur nous le dernier acte de la catastrophe où le maréchal Bazaine s'est perdu par la politique. S'il a laissé son honneur dans cette lugubre scène, la vieille cité française de Metz n'a pas eu au moins le malheur de manquer à son rôle de soldat en faction, le seul qui lui appartint, se remettant à Dieu du reste...

Le soir du 26, le conseil municipal, à l'ouverture de la séance, reçut la nouvelle de la plus triste solution. Le maire fit connaître la dépêche suivante en réponse à la délibération qu'il avait transmise :

» Ban-Saint-Martin, le 26 octobre 1870.

» MONSIEUR LE MAIRE,

» Je m'empresse de répondre à votre lettre et de vous dire que M. le
» général Coffinières, commandant supérieur de la place de Metz, ayant
» assisté à tous les Conseils de guerre qui ont été tenus au grand quartier
» général, était en mesure d'exposer au Conseil municipal la situation actuelle
» du pays et la marche des négociations pendantes, dans lesquelles nous
» avons toujours cherché à mettre la ville de Metz en dehors, afin de lui
» laisser sa liberté d'action.

» A l'issue de la séance de ce matin, il a été unanimement convenu, par
» suite des exigences de l'ennemi et de la pénurie actuelle des vivres, que
» cette place et l'armée devaient subir le même sort.

» En conséquence, M. le général Coffinières a été invité à donner au

---

[1] Bazaine avait déjà eu sa possession, écrites de la main du général Stiehle, les clauses du projet de traité.

» Conseil municipal les explications nécessaires pour que la ville soit au
» courant des négociations qui ont toujours eu pour but d'améliorer la grave
» situation dans laquelle se trouve le pays, but que, malheureusement, nous
» n'avons pu atteindre.

» Recevez etc.   « Le Maréchal de France, commandant en
» chef l'armée sous Metz, *Signé* : BAZAINE. »

Le général Coffinières, qui présidait l'assemblée, annonça officiellement que les assiégeants avaient refusé tout traité ne comprenant point, à la fois, l'armée et la place, et que lui, commandant supérieur, en présence de l'épuisement de vivres et sur l'ordre écrit du maréchal, avait dû subir cette solidarité. Le conseil entendit, avec la plus profonde tristesse, cette irrévocable décision de l'autorité militaire... [1]

C'était le couronnement de l'œuvre de l'incapacité et de l'égoïsme de Bazaine qui avait eu cinquante-huit jours [2], dans la plus forte des places, pour faire sa sortie avec nos soldats les plus vaillants et les plus expérimentés, formant une bonne artillerie, une bonne cavalerie, la meilleure infanterie du monde, et avec tout l'approvisionnement qu'une armée pouvait désirer !...

Dans la dernière phase du *Drame de Metz*, le maréchal multiplia les nominations et les faveurs. Prince souverain fut rarement plus

---

[1] La capitulation doit conserver, devant l'histoire, son caractère tout militaire. La Cité, par ses représentants, ne voulut nullement intervenir, pas même par une simple missive. *a*

» Jusqu'à présent, fit remarquer le maire, le conseil avait pensé que la ville et l'armée étaient séparées ; nous venons, à l'instant, d'apprendre le contraire. Nous ne connaissons pas les stipulations militaires du genre de celle qui va s'accomplir. »

[2] Du 19 août au 15 octobre.

a Le conseil municipal décida, à l'unanimité, qu'il ne serait même pas fait une note, ayant pour but exclusif de réparer les omissions qu'avait pu commettre le général Coffinières, commandant supérieur militaire de la forteresse, au point de vue de la sauvegarde des intérêts publics et privés de la population.

— 92 —

généreux. Dans un but trop facile à saisir, il se montra même prodigue envers les civils. Quelques-uns eurent la dignité de refuser, ne voulant pas recevoir la décoration portant la devise : *Honneur et Patrie*, au sein de circonstances aussi malheureuses [1].

Le 27, les délégués de la milice bourgeoise déposèrent sur le bureau du conseil communal, une pétition ainsi conçue :

« A Monsieur le Maire,
« A Messieurs les Membres du Conseil municipal,

« Des bruits de capitulation de Metz circulent dans notre ville ; la garde
» nationale se déclare péniblement affectée par ces bruits qu'elle aime à
» croire mal fondés. La garde nationale espère que cette capitulation n'a
» pas été signée, surtout sans conditions, comme on l'annonce, et elle offre
» toujours son concours à l'armée pour continuer une défense même déses-
» pérée. — Si la capitulation a été signée, la garde nationale de Metz tient
» à déclarer qu'elle est restée étrangère même à des pourparlers. Elle se
» confie dans le patriotisme du Conseil municipal de Metz, pour obtenir et
» déterminer la réglementation de l'entrée des étrangers dans la Cité. Elle émet
» le vœu qu'il soit paré au plus tôt aux nécessités de l'hébergement momentané
» des Prussiens dans nos murs. »

L'émotion était on ne peut plus profonde parmi la population.

Coffinières, qui avait juré, la main sur le cœur, qu'il défendrait Metz jusqu'à la dernière goutte de son sang, paroles qu'il avait paru confirmer devant le conseil municipal, dans la séance du 22, osa adresser cette proclamation aux habitants. Lue d'abord aux édiles et aux officiers de la garde nationale sédentaire, à neuf heures du matin, elle fut affichée le 27, seulement à cinq heures du soir.

« Habitants de Metz,

» Il est de mon devoir de vous faire connaître loyalement notre situation, bien persuadé que vos âmes viriles et courageuses seront à la hauteur de ces graves circonstances.

[1] Par un élan spontané d'autres honorables citoyens qui avaient déjà reçu la même distinction, se sont abstenus d'en porter l'insigne. Ces exemples ont trouvé des imitateurs dans l'armée, parmi les officiers qui tenaient leur brevet de Bazaine. La main qui avait signé la capitulation de Metz pesait à tous les gens de cœur.

» Autour de nous est une armée qui n'a jamais été vaincue et qui s'est montrée aussi ferme devant le feu de l'ennemi que devant les plus rudes épreuves. Cette armée interposée entre la ville et l'assiégeant nous a donné le temps de mettre notre ville en état de défense et de monter sur nos remparts plus de 600 pièces de canon ; enfin elle a tenu en échec plus de 200,000 hommes.

» Dans la place, nous avons une population pleine d'énergie et de patriotisme bien décidée à se défendre jusqu'à la dernière extrémité.

» Si nous avions du pain, cette situation serait parfaitement rassurante ; malheureusement il n'en est point ainsi.

» J'ai déjà fait connaître au Conseil municipal que, malgré les perquisitions faites par les autorités civiles et militaires, nous n'avions de vivres assurés que jusqu'au 28 octobre. [1]

» De plus, notre brave armée, déjà si éprouvée par le feu de l'ennemi, puisque 40,000 hommes [2] en ont subi les atteintes, souffre horriblement de l'inclémence exceptionnelle de la saison et des privations de toutes sortes. Le Conseil de guerre a constaté ces faits, et M. le maréchal commandant en chef a donné l'ordre formel, comme il en a le droit, de verser une partie de nos ressources à l'armée.

» Cependant, grâce à nos économies, nous pouvons résister encore jusqu'au 30 courant, et notre situation ne se trouve pas sensiblement modifiée.

» Jamais, dans les fastes militaires, une place de guerre n'a résisté jusqu'à un épuisement aussi complet de ses ressources et n'a été aussi encombrée de blessés et de malades.

» Nous sommes donc condamnés à succomber, mais ce sera avec honneur, et nous ne serons vaincus que par la faim.

» L'ennemi, qui nous investit péniblement depuis plus de 70 jours, sait qu'il est prêt d'atteindre le but de ses efforts ; il demande la place et l'armée et n'admet pas la séparation de ces deux intérêts. Quatre ou cinq jours de résistance désespérée n'auraient d'autre résultat que d'aggraver la situation des habitants. Tous peuvent d'ailleurs être convaincus que leurs intérêts privés seront défendus avec la plus vive sollicitude.

» Sachons supporter stoïquement cette grande infortune, et conservons le ferme espoir que Metz, cette grande et patriotique Cité, restera à la France. »

---

[1] Quelle plus outrageante impudence pouvait insulter à notre longanimité, presque inexcusable ?...

[2] Voici la décomposition de ces chiffres ronds : tués, blessés et disparus depuis le 14 août, 25 officiers généraux, 2099 officiers de tous grades et 40,339 sous-officiers et soldats, ensemble : chiffres réels 42,463 hommes.

Le maréchal Bazaine, de son côté, avait adressé l'ordre général ci-dessous, littéralement transcrit :

« A L'ARMÉE DU RHIN,

« Vaincus par la famine, nous sommes contraints de subir les lois de la guerre en nous constituant prisonniers. A diverses époques de notre histoire militaire, de braves troupes, commandées par Masséna, Kléber, Gouvion de Saint-Cyr [1], ont éprouvé le même sort qui n'entache en rien l'honneur militaire, quand, comme vous, on a aussi glorieusement accompli son devoir jusqu'à l'extrême limite humaine.

» Tout ce qu'il était loyalement possible de faire pour éviter cette fin a été tenté et n'a pu aboutir [2].

» Quant à renouveler un suprême effort pour briser les lignes fortifiées de l'ennemi [3], malgré votre vaillance et le sacrifice de milliers d'existences qui peuvent encore être utile à la patrie, il eut été infructueux [4], par suite de

---

[1] Quelle audace de la part de Bazaine de rapprocher les noms d'illustrations aussi pures du sien ! En outre, les exemples de Masséna, de Kléber, de Gouvion Saint-Cyr, ces modèles de bravoure, n'ont aucune analogie avec la chûte de Metz.

A Gênes, Masséna s'était battu en héros, il n'accepta que les conditions qu'il avait dictées lui-même, et put reprendre aussitôt les hostilités sur les frontières françaises.

Kléber n'était pas général en chef à Mayence ; après la capitulation, l'armée se retira avec ses armes et même avec les canons qu'elle s'était réservés. Le même, alors généralissime en Egypte, répondait aux menaces de l'ennemi par des victoires : témoin, la bataille d'Héliopolis.

Réfugié à Dresde, après la retraite de Russie, Gouvion de Saint-Cyr ne signa la reddition de cette ville qu'après une longue résistance, avec promesse de pouvoir rentrer en France avec la garnison. Il fut retenu prisonnier contre la parole de ses adversaires.

[2] Quelle monstruosité !

[3] Le maréchal inepte et égoïste oublie de rappeler le moment où il essaya de percer les lignes.

[4] Sans doute à l'heure de l'échéance de la reddition de Metz, une tentative désespérée n'eut amené qu'un massacre inutile.

Bazaine fait allusion ici aux pourparlers qui eurent lieu entre des officiers et des soldats ayant conservé assez de forces pour courir à l'ennemi. Les généraux Deligny, Bisson et Clinchant s'étaient offerts pour se mettre à la tête de ceux qui pouvaient marcher.

l'armement et des forces écrasantes qui gardent et appuient ces lignes [1] ; un désastre en eut été la conséquence.

» Soyons dignes dans l'adversité, respectons les conventions honorables qui ont été stipulées, si nous voulons être respectés comme nous le méritons. Evitons surtout pour la réputation de cette armée, les actes d'indiscipline comme la destruction des armes et du matériel [2], puisque, d'après les usages militaires, place et armement devront faire retour à la France lorsque la paix sera signée [3].

» En quittant le commandemement, je tiens à exprimer aux généraux, officiers et soldats, toute ma reconnaissance pour leur loyal concours, leur brillante valeur dans les combats, leur résignation dans les privations, et c'est le cœur brisé que je me sépare de vous [4]. »

Ces communications dispensent de tout commentaire et sont le dénouement de la comédie. Au tour de la tragédie maintenant. Nous allons assister au spectacle d'un homme, ayant le titre éminent de maréchal de France, voulant faire de sa honte le marche-pied de sa grandeur, livrant ses soldats, donnant ses armes, ses canons, ses drapeaux, pour sauver sa fortune et sa vie, oubliant à la fois tous ses devoirs d'homme, de général, de français... Sa honte, la créature de Louis-Napoléon, va la noyer dans celle de la plus belle armée de France, qu'il a démolie pièce à pièce.

Les préliminaires, c'est-à-dire les clauses de la capitulation, ne furent signés que le 27 à six heures du soir, entre les délégués du prince de Prusse et du maréchal Bazaine. Chacun des doubles de

---

[1] Toujours le *brave* maréchal affirme le corps d'investissement innombrable et ses ouvrages redoutables, inexpugnables même. Ce texte est un corollaire dont il ne pouvait se dispenser, après la confection des fameux plans des attaques des Prussiens, remis par ses soins à tous les états-majors de l'armée.

[2] Singulière idée d'interpréter la discipline.

[3] Mensonge, mensonge ! Voir l'*article 3 de la* CONVENTION MILITAIRE ci-après.

[4] Par cette phrase de circonstance Bazaine avait encore la prétention de se rallier quelques dupes : sa pensée tout entière était désormais à une restauration impériale qui lui assurerait le premier rôle, but de toutes ses aspirations et de toutes ses trames de longue main.

cet écrit est apporté, du château de Frescaty, dans la soirée du 27, avec un empressement fiévreux, à Corny [1] et au Ban-Saint-Martin.

C'est ainsi qu'après avoir éprouvé déceptions sur déceptions, les Messins virent arriver, sans pouvoir s'y opposer, cette date funèbre. Quel réveil pour ceux qui ont pu croire un instant aux hommes de cette triste époque !...

La convention militaire signée par les chefs d'état-major des deux armées, fut acceptée par le conseil réuni sous la présidence de Bazaine, le 28. Voici le procès-verbal de cette séance :

> « Le 28 octobre, à huit heures et demie du matin, étaient réunis en conseil, sous la présidence du maréchal Bazaine, à son quartier-général, MM. les commandants des corps d'armée et les commandants des armes spéciales, à l'effet d'entendre la lecture de la convention signée le 27 octobre 1870, au château de Frescaty, près Metz, par M. le général en chef d'état-major général de l'armée, muni à cet effet des pleins pouvoirs de M. le maréchal Bazaine et de tous les membres du conseil, lesquels lui ont été conférés dans la séance du 26 octobre, au matin.
>
> « Le général Jarras a fait lecture dudit document ainsi que de l'appendice qui est y joint, et, après des explications qui ont été demandées et données sur la portée et l'interprétation de quelques articles, le conseil a reconnu que son mandataire avait usé des larges instructions qu'il avait reçues, d'une manière aussi satisfaisante que le comportait la situation de l'armée, et il a donné son approbation au protocole et à son annexe [2]. »

[1] Le prince Frédéric-Charles venait d'y transférer son quartier-général.

[2] A cette séance assistaient les personnages ci-après : maréchal Canrobert, commandant le 6e corps ; — maréchal Lebœuf, commandant le 3e corps ; — général Frossard, commandant le 2e corps ; — général Ladmirault, commandant le 4e corps ; — général Desvaux, commandant provisoirement l'ex-garde impériale ; — général Coffinières de Nordeck, commandant supérieur de Metz et commandant en chef le génie de l'armée ; — général Soleille, commandant général de l'artillerie ; — Lebrun, intendant général de l'armée ; — général de division Jarras, chef d'état-major général ; — général Changarnier ; — maréchal Bazaine.
Un membre du conseil ayant sollicité de connaître si l'on n'avait pas espéré obtenir la neutralisation de fragments de troupes de toutes armes sous la condition d'être envoyés en Algérie, le général Jarras répondit qu'il n'avait pu arracher aucune concession sur ce point. Un autre membre répliqua que, dans le cas où cette clause eût été admise, il eut été peut-être embarrassant de désigner les corps qui auraient dû profiter de cette faveur (sic).

La population de Metz, irritée à juste titre qu'il était ainsi disposé des propriétés et des personnes, sans avoir été consultée, au moins par ses représentants légaux, protesta avec calme et une dignité parfaitement conforme aux traditions d'honneur et de patriotisme qu'elle avait reçues de ses pères. Elle avait aussi l'espoir que l'armée ne devait pas accepter la complicité de *l'inqualifiable capitulation* à laquelle on l'avait traîtreusement conduite. Elle était toujours prête à rompre son dernier morceau de pain, son dernier vivre ¹, avec ceux des militaires qui voudraient s'enfermer dans les forts extérieurs et dans la place, et concourir, conjointement avec la garde nationale, à leur défense. Mais tout avait été prévu avec un calcul inouï, pour rendre un nouvel acte héroïque impossible, par ceux-là qui n'avaient point reculé même devant le crime d'affamer et de faire périr, dans les bras de leurs mères, la plupart des pauvres enfants ou des jeunes adultes. L'artillerie était démontée de même que les ambulances de campagne; les soldats malades de corps et d'esprit par suite de la faim et de l'ennui, pour la plupart, étaient incapables de supporter aucune marche ni aucune privation nouvelle...

Une députation de la garde nationale, ayant à sa tête le maire et quelques membres du conseil municipal, avait entretenu en particulier le général Coffinières des intérêts de la population. Celui-ci réitéra avoir envoyé, en temps opportun, une note en ce sens, au général Jarras. Il avait été aussi convenu que les citoyens déposeraient volontairement leurs armes dans l'arsenal.

En effet, le 28 à midi, le rappel battit dans les rues, pour inviter les gardes nationaux à faire cette remise immédiatement.

---

¹ On se serait consolé de toutes les privations les plus dures en se disant que c'était pour aider au salut de la patrie. N'est-ce pas déjà quelque chose que d'étaler sur un morceau de pain sec la conscience du devoir accompli et l'espoir de la délivrance ?

N'importe, quelqu'eût été le résultat du siége — que Metz eût été sauvé ou non, — la formidable forteresse serait sortie de cette fournaise ardente annoblie et purifiée, avec un sens de grandeur que même la défaite n'aurait su détruire.

La consternation était générale. Vers le soir, des manifestations tumultueuses se produisirent : la Mutte fut sonnée à deux reprises ; à sept heures, le tocsin, ce glas funèbre d'une ville hérissée de canons, aux remparts réputés inexpugnables, vierge de toute trace de projectiles, remplie d'une population courageuse, mais réduite à l'inaction, fut tinté par quelques gens armés de fusils Chassepot enlevés aux arsenaux. Un groupe, précédé de plusieurs officiers de l'armée, se porta à l'hôtel de la Division dans l'intention de faire entendre au commandant supérieur certaines vérités qu'on voulait qu'il reportât au maréchal Bazaine. En route, une foule de personnes se joignit à ce groupe. La scène dut se limiter là, des détachements de troupes ayant été appelés en toute hâte par le gouverneur qui, peu d'instants auparavant, avait encouru le mépris d'une partie de l'ex-garde. Le 1er régiment de grenadiers, comme les zouaves, avait refusé d'entrer en armes dans Metz, pour maintenir le peuple indigné. Le plus grand nombre des habitants, convaincus d'une impuissance absolue et désirant qu'aucun motif fâcheux ne pût être opposé aux intérêts de la ville, réussirent, mieux que la force, à assurer le calme et la résignation. L'heure d'élever la voix et de demander des armes convenables et en suffisance était passée depuis quelques semaines déjà...

Tout était fini. *Metz-la-Pucelle* était condamnée à recevoir l'étranger. L'armée, affamée avec une persistante intention, ne pouvait plus rien pour son honneur. La ville elle-même devait passer sous les fourches caudines, pour cause d'humanité envers ses frères-soldats. Ainsi l'ont voulu ceux qui commandaient en chef. Ils ont mis dans toutes les âmes honnêtes le deuil et sur tous les fronts la rougeur...

La capitulation connexe avait donc été signée le 27, au château de Frescaty. Voici les documents relatifs à cette douloureuse solution :

I. — **Protocole.**

« Entre les soussignés, le chef d'état-major général de l'armée française sous Metz, et le chef de l'état-major de l'armée prussienne devant Metz, tous deux munis des pleins pouvoirs de Son Excellence le maréchal Bazaine, commandant en chef, et du général en chef, Son Altesse Royale le prince Frédéric-Charles de Prusse.

» La convention suivante a été conclue :

» Article 1ᵉʳ. L'armée française, placée sous les ordres du maréchal Bazaine, est prisonnière de guerre.

Article 2. La forteresse et la ville de Metz avec tous les forts, le matériel de guerre, les approvisionnements de toute nature et de tout ce qui est propriété de l'Etat, seront rendus à l'armée prussienne dans l'état où tout cela se trouve au moment de la signature de cette convention.

» Samedi, 29 octobre, à midi, les forts de Saint-Quentin, Plappeville, Saint-Julien, Queuleu et Saint-Privat ainsi que la porte Mazelle [1] (route de Strasbourg) seront remis aux troupes prussiennes.

» A dix heures du matin de ce même jour, des officiers d'artillerie et du génie, avec quelques sous-officiers, seront admis dans lesdits forts pour occuper les magasins à poudre [2] et éventer les mines.

» Article 3. Les armes ainsi que tout le matériel de l'armée, consistant en drapeaux [3], aigles, canons, mitrailleuses, chevaux, caisses de guerre, équipages de l'armée, munitions [4], etc., seront laissés à Metz et dans les forts à des commissions militaires instituées par M. le maréchal Bazaine pour être remis immédiatement à des commissaires prussiens [5]. Les troupes sans armes, seront conduites, rangées d'après leurs régiments ou corps, et en ordre militaire, aux lieux qui seront indiqués pour chaque corps. Les officiers rentreront alors, librement, dans l'intérieur du camp retranché ou à Metz [6],

---

[1] Pourquoi employer de pareils termes si la ville de Metz devait être remise à un autre titre qu'à celui de dépôt ?

[2] Craignait-on une catastrophe ?

[3] Ces symboles de l'honneur militaire sont assimilés au matériel.

[4] Pour quelle cause ne les avoir pas détruites ?

[5] Il existait à Metz du matériel pour plus de 85 batteries, 800 pièces de rempart, 66 mitrailleuses, 300,000 fusils, quantité de mousquetons, de sabres, de cuirasses ; des montagnes de projectiles ; 2,000 prolonges pour les transports militaires ; du bois non travaillé, du plomb, du bronze ; des cartouches par millions ; les magasins étaient bourrés de poudre.

[6] Bazaine a encore manqué à son devoir en séparant le sort des officiers de celui du soldat.

sous la condition de s'engager sur l'honneur à ne pas quitter la place, sans l'ordre du commandant prussien [1].

» Les troupes seront alors conduites par leurs sous-officiers aux emplacements des bivouacs. Les soldats conserveront leurs sacs, leurs effets et les objets de campement (tentes, couvertures, marmites, etc.).

» Art. 4. Tous les généraux et officiers, ainsi que les employés militaires ayant rang d'officiers, qui engageront leur parole d'honneur par écrit de ne pas porter les armes contre l'Allemagne, et de n'agir d'aucune autre manière contre ses intérêts [2] jusqu'à la fin de la guerre actuelle, ne seront pas faits prisonniers de guerre; les officiers et employés qui accepteront cette condition conserveront leurs armes et les objets qui leur appartiennent personnellement.

» Pour reconnaître le courage dont ont fait preuve pendant la durée de la campagne, les troupes de l'armée et de la garnison [3], il est en outre permis aux officiers qui opteront pour la captivité, d'emporter avec eux leurs épées ou sabres [4] ainsi que tout ce qui leur appartient personnellement.

» Article 5. Les médecins militaires, sans exception, resteront en arrière pour prendre soin des blessés; ils seront traités d'après la convention de Genève; il en sera de même du personnel des hôpitaux.

» Article 6. Des questions de détail concernant principalement les intérêts de la ville sont traités dans un appendice ci-annexé qui aura la même valeur que le protocole.

» Article 7. Tout article qui pourra présenter des doutes sera toujours interprété en faveur de l'armée française [5].

Signé : » L. JARRAS. — STIEHLE. »

---

[1] Tout cela est adroitement rédigé pour faire croire à une profonde division dans l'armée. Les officiers, après avoir livré leurs hommes à l'ennemi, n'ont plus à en avoir aucun souci.

[2] Pourquoi ne pas préciser ces intérêts?

[3] Quel *satisfecit* donné à Bazaine.

[4] Cette *faveur* constitue la différence essentielle qui existe entre la *Capitulation sous Metz* et la Capitulation de Sedan.

[5] Ce document n'a pas été placardé. Il a été publié dans les journaux de Metz du 29. L'*Indépendant de la Moselle* parut encadré d'un large filet noir, au recto.

Le prince Frédéric-Charles s'est fait remettre, en souvenir, l'encrier qui a servi à la signature de ce protocole. Cet encrier appartenait à l'adjudant de Goltz, du 54e régiment d'infanterie poméranien.

II. — **Appendice à la Convention militaire, en ce qui concerne la ville de Metz et les habitants.**

« Article 1er. Les employés et les fonctionnaires civils attachés à l'armée ou à la place, qui se trouvent à Metz, pourront se retirer où ils voudront, en emportant avec eux tout ce qui leur appartient.

» Article 2. Personne, soit de la garde nationale, soit parmi les habitants de la ville ou réfugiés dans la ville, ne sera inquiété, à raison de ses opinions politiques ou religieuses, de la part qu'il aura prise à la défense, ou des secours qu'il aura fournis à l'armée ou à la garnison.

» Article 3. Les malades et les blessés laissés dans la place recevront tous les soins que leur état comporte.

» Article 4. Les familles que les membres de la garnison laissent à Metz ne seront pas inquiétées, et pourront également se retirer librement avec tout ce qui leur appartient, comme les employés civils.

» Les meubles et les effets que les membres de la garnison sont obligés de laisser à Metz, ne seront ni pillés, ni consignés, mais resteront leur propriété. Ils pourront les faire enlever dans le délai de six mois, à partir du rétablissement de la paix ou de leur mise en liberté.

Article 5. Le commandant de l'armée prussienne prend l'engagement d'empêcher que les habitants soient maltraités dans leurs personnes ou dans leurs biens. On respectera également les biens de toute nature du département, des communes, des sociétés de commerce ou autres, des corporations civiles ou religieuses, des hospices et des établissements de charité. Il ne sera apporté aucun changement aux droits que les corporations ou sociétés, ainsi que les particuliers, ont à exercer les uns contre les autres, en vertu des lois françaises, au jour de la capitulation.

Article 6. A cet effet, il est spécifié, en particulier, que toutes les administrations locales et les sociétés ou corporations mentionnées ci-dessus, conserveront les archives, livres et papiers, collections et documents quelconques qui sont en leur possession.

» Les notaires, avoués et autres agents ministériels conserveront aussi leurs minutes ou dépôts.

Article 7. Les archives, livres et papiers appartenant à l'Etat resteront, en général dans la place, et, au rétablissement de la paix, tous ceux de ces documents concernant les portions de territoire restituées à la France, feront aussi retour à la France.

» Les comptes en cours de réglement nécessaires à la justification des comptables ou pouvant donner lieu à des litiges, à des revendications de la part de tiers, resteront entre les mains des fonctionnaires ou agents qui en ont actuellement la garde, par exception aux dispositions du paragraphe précédent.

» Fait au château de Frescaty, le 27 octobre 1870.

Signé : » L. JARRAS. — STIEHLE. »

Cet appendice fut affiché aux lieux publics, quelques heures seulement avant la prise de possession par l'ennemi, alors que le maire et les membres du conseil municipal s'adressaient dans ces termes à leurs administrés :

« CHERS CONCITOYENS,

» Le véritable courage consiste à supporter un malheur sans les agitations qui ne peuvent que l'aggraver.
» Celui dont nous sommes tous frappés aujourd'hui nous atteint sans qu'aucun de nous puisse se reprocher d'avoir un seul jour failli à son devoir.
» Ne donnons pas le désolant spectacle de troubles intérieurs, et ne fournissons aucun prétexte à des violences ou à des malheurs nouveaux et plus complets encore.
» La pensée que cette épreuve ne sera que passagère et que nous, Messins, n'avons assumé dans les faits accomplis aucune part de responsabilité devant le pays et devant l'histoire, doit être, en ce moment, notre consolation [1].
» Nous confions la sécurité commune à la sagesse de la population. »
» Signé : Félix Maréchal, maire ; Boulangé, Bastien, Noblot, Géhin, de Bouteiller, Blondin, Bezanson, G. Gougeon, Bultingaire, Moisson, Simon-Favier, Marly, Sturel, Geisler, Prost, Worms, Collignon, Rémond, Puyperoux, général Didion, Salmon, Bouchotte, Schneider. »

La partie raisonnable de la population adhéra immédiatement à la pensée qui avait inspiré les rédacteurs de la proclamation municipale, et, par son attitude, enraya tout entraînement inutile. Elle démontra la pressante obligation de dévorer ses larmes en silence, et de donner l'exemple de la résignation à la multitude des paysans accourus, pour s'assurer par eux-mêmes de la réalité de la reddition de Metz et de l'armée...

Tous les habitants ont renouvelé leur protestation jusqu'à la dernière heure, de la manière la plus digne, contre la décision déplorable à laquelle ils ont été machiavéliquement contraints de se

---

[1] Ce qui a fait défaut, c'est la résolution, la décision et la suite dans l'exécution des projets praticables mis en avant par quelques citoyens des plus estimés et des plus clairvoyants...
Les véritables Messins iront toujours droit leur chemin, celui de l'honneur, sans regarder à droite ni à gauche...

soumettre. Un officier général prussien a rendu publiquement hommage au patriotisme des Messins...

Quel rude Calvaire pour une Cité aussi glorieuse et aussi brave!... Le crime de Metz fut encore pire que celui de Sedan [1].

Dans ce cataclysme, la plume est tombée bien des fois des mains de l'humble auteur de cet écrit, parce que, dans une si grande douleur, le silence pouvait faire concevoir l'immensité de notre deuil et contenir l'explosion de nos tortures... A cette heure horrible, tout sembla gémir, même les éléments!...

Non, ne nous laissons pas abattre. Désespérer c'est déserter. Elevons nos âmes et nos résolutions à la hauteur des plus effroyables périls. Quelle que soit l'étendue du désastre particulier, sous lequel nous sommes comme engloutis, qu'il ne nous trouve ni consternés, ni hésitants! Car, notre cause est celle de la justice et du droit.

Metz, notre ville bien-aimée, garde ton âme qui est sans peur et sans reproche...

La conscience seule a inspiré ce *Journal* daguerréotypé sur les faits et les impressions de chaque jour. Qu'importent les vanités froissées en face des maux qui accablent la France et des souvenirs qui nous navrent...

Novembre 1870.

---

[1] Des généraux divisionnaires ont fait entendre alors leur avis que la place livrée par Bazaine et par Coffinières, le 29 octobre, eût pu être défendue beaucoup plus longtemps; on continuait à immobiliser ainsi, jusqu'à la mi-décembre au moins, l'armée du prince Frédéric-Charles.

Metz, imprimerie de Ch. Thomas, rue Jurue, 1.

www.ingramcontent.com/pod-product-compliance
Lightning Source LLC
Chambersburg PA
CBHW070534100426
42743CB00010B/2076